AF474141

LA

CAMPAGNE DE 1870

LA CAMPAGNE DE 1870

RÉCIT

DES ÉVÉNEMENTS MILITAIRES

DEPUIS LA DÉCLARATION DE GUERRE

JUSQU'A LA CAPITULATION DE PARIS

WOERTH

SEDAN — METZ — PARIS

Traduit du *Times* par Roger Allou

PARIS

GARNIER FRÈRES, LIBRAIRES-ÉDITEURS

6, RUE DES SAINTS-PÈRES ET PALAIS-ROYAL, 215

1871

Les pages qui suivent ont paru dans le *Times*, à deux époques distinctes : au mois d'octobre 1870, pour les faits qui s'étendent jusqu'à la chute de Metz, et au mois de mars 1871, pour la dernière partie. L'écrivain avait considéré la campagne de 1870 comme achevée, au moment où succombait notre dernière armée régulière, et lorsque les troupes allemandes venaient d'investir Paris : Le courage et le patriotisme de la France ont rouvert le livre qui se fermait déjà pour raconter nos désastres.

Ce récit a été remarqué et méritait de l'être. Il est, à l'heure actuelle, le seul qui comprenne encore l'ensemble des graves événements qui viennent de s'accomplir; il est rapide et complet cependant; technique sans cesser d'être accessible à tous; il est empreint d'un sentiment de justice et d'impartialité pour les efforts de notre pauvre pays, qui contraste singulièrement avec l'esprit général du *Times* lui-même, avec les dissertations doctrinales de M. de Sybel, et les invectives cyniques de Carlyle, auxquelles le grand organe de la cité offrait il y a quelques mois un accueil trop complaisant.

Méditons courageusement les enseignements qui se dégagent de cette lecture douloureuse.

La guerre, dans les circonstances où elle a été engagée, était un crime véritable. Elle n'avait qu'une signification dynastique. Au lendemain du jour où le vote du plébiscite avait si imprudemment accueilli la promesse menteuse de la paix, le pays était tout à coup engagé malgré lui dans la plus téméraire des aventures. L'Empire avait fait l'unité allemande. Il reculait maintenant épouvanté devant son propre ouvrage. Il sentait la France s'amoindrir à côté de cette grandeur nouvelle, et il cherchait le rachat d'une faute dans une faute plus effroyable encore.

C'était il y a quatre ans, qu'il fallait se prononcer. En présence de l'Allemagne, qui s'efforçait alors de rejoindre ses membres épars dans une formidable unité, quelle attitude convenait-il de prendre ? Il fallait, si les inspirations de la vieille politique étaient consultées, s'opposer hardiment dès le début à une transformation qui menaçait l'équilibre européen ; ou si l'heure était passée et si l'on s'inclinait devant le principe plus haut de l'entière liberté des peuples dans l'œuvre de leurs transformations intérieures, il ne restait qu'à accepter le fait accompli, sans jalousie, et sans ombrage, qu'à renoncer délibérément à ces rêves d'extension territoriale aux dépens de la terre allemande, aussi justement inviolable et sacrée aux yeux de l'Allemagne, que le sol français l'est aux nôtres ; nous devions, sans arrière-pensée et loyalement, tendre la main à une grande nation avec laquelle nous pouvions si noblement lutter sur le terrain du progrès pacifique et de la civilisation.

Rien de tout cela n'a été fait.

On n'avait pas fait la guerre à temps : on a renoncé à la paix, quand elle était devenue nécessaire.

Le drapeau de la France une fois engagé, nous avons mieux compris encore l'esprit de vertige auquel on avait obéi. Rien n'était prêt, ni l'armée, ni les approvisionnements. La direction intelligente manquait partout. Aucune alliance n'avait été seulement ébauchée. Les efforts diplomatiques avaient été aussi inintelligents que les efforts militaires, et la France se trouvait impuissante en présence de l'ennemi qu'elle avait provoqué, au milieu de l'Europe agitée, qui condamnait impitoyablement son agression.

Les désastres ont été rapides et épouvantables.

Quel était notre devoir quand la France

a rejeté d'un ébranlement subit le gouvernement qui l'avait perdue ? Il n'y avait pas à hésiter. Nous ne pouvions que défendre l'honneur de la France. Si l'Allemagne l'eût voulu, après la reddition de Sedan, une paix généreuse eût fondé d'une manière indissoluble l'alliance de deux peuples que le voisinage, les intérêts, le caractère de leur génie individuel, devraient rapprocher étroitement. Mais l'Allemagne s'est laissé entraîner à son tour par le vertige de la conquête. Il n'y avait plus qu'à combattre. La France s'est levée tout entière. Ne regrettons pas nos sacrifices ! Ne récriminons pas, ne discutons pas les mesures prises, la direction donnée ! La France a bien été tout entière, dans cette lutte suprême, confondue dans un même sentiment, dans une même pensée. C'est là so orgueil et sa consolation !

Tous nos efforts ont été inutiles. Il était trop tard, et l'Allemagne a poursuivi impitoyablement son triomphe. Tout en condamnant avec dédain le scepticisme et la corruption de la France, elle a accompli audacieusement l'œuvre monstrueuse de la servitude de plusieurs millions d'âmes qui se débattent et se révoltent à la pensée de renier la patrie, plus chère encore dans ses malheurs qu'aux jours de sa prospérité.

C'est donc là la grande loi morale que la pieuse Allemagne avait pour mission de faire triompher dans cette effroyable lutte? C'est là l'inauguration de cette ère de paix universelle qu'elle nous promet encore? Nous allons assister, sous une compression impitoyable, aux convulsions périodiques d'une seconde Pologne et d'une nouvelle Lombardie; nous allons avoir au cœur de l'Europe, tout près de nous, plusieurs millions de compatriotes qui tendront incessamment, dans leur détresse, les bras vers la France, et vers lesquels s'élanceront incessamment aussi nos regrets et nos espérances.

Étrange paix que l'Allemagne a voulue là !

Elle justifie ses rigueurs d'aujourd'hui par les souvenirs du passé, et elle ne voit pas que l'inspiration qui l'anime est en elle-même la légitimation anticipée des efforts que nous aurons à tenter un jour ; si l'Allemagne venge maintenant ses anciennes humiliations, elle nous reconnaît d'avance le droit de venger à notre tour les nôtres ! Elle s'est souvenue ; souvenons-nous !

Non pas qu'il s'agisse, au sortir des désastres que nous venons de subir, de préparer demain notre pauvre pays écrasé, à reprendre encore la campagne ; pas d'illusions nouvelles ! il faut sincèrement, sans arrière-pensée et pour de longues années, nous résigner à la paix ; notre sang a coulé par toutes les veines à la fois ; les efforts de plus d'une génération peut-être seront nécessaires pour nous relever de notre épuisement, ingénieusement calculé sous toutes les formes, par l'ennemi qui nous a vaincus ; reconnaissons courageusement et sans folle vanité, toute l'étendue de notre défaite et la supériorité incontestable de la puissance militaire qui vient de s'emparer souverainement du monde ; ne rêvons pas une trop prochaine revanche, où s'épuiseraient en vain des ressources si nécessaires ailleurs.

Mais attendons l'avenir.

L'Allemagne est incapable de s'arrêter dans la voie fatale où elle est entrée. L'ivresse de la gloire, nous le savons bien, ne tombe pas ainsi. L'organisation toute militaire et toute féodale de la Prusse s'est emparée de l'Allemagne entière; elle ne pourra se résigner, avec cette armée victorieuse et ses chefs éblouis, aux labeurs pacifiques de l'industrie et du commerce, à la vie paisible de la famille, aux travaux de la pensée qui faisaient son honneur et sa gloire ; elle ne s'arrêtera pas ; et dans son essor nouveau, les complications de l'Europe imprévoyante et coupable, peuvent ramener pour nous l'heure de la réparation.

L'esprit d'ailleurs se remettra en marche dans cette terre des méditations et de la pensée : pour l'Allemagne, tout se perd aujourd'hui dans le triomphe éclatant de l'unité nationale ; le moment viendra où la Prusse, qui vient d'absorber l'Allemagne, sera à son tour absorbée par elle, par les aspirations libérales d'une race que nous maudissons, mais dont nous ne méconnaissons pas la grandeur. Ce jour-là, l'esclavage de la Lorraine et de l'Alsace devra finir. Courage ! Embrassons ceux qu'on nous arrache, comme des frères qui s'éloignent pour une longue absence, mais qui reviendront plus tard prendre leur place dans la grande famille, attristée jusque-là et en deuil.

Seulement, si nous voulons nous rendre dignes d'une meilleure fortune, envisageons résolûment les devoirs que nous avons à remplir. Acceptons courageusement nos humiliations, et reconstruisons la France. C'est l'abandon de nous-mêmes qui nous a perdus ; reprenons possession de nous-mêmes. Il faut que l'énergie individuelle s'affirme partout.

Retrempons-nous dans l'obéissance aux règles austères de la conscience. Ne nous abandonnons pas aux exagérations folles, aux violences coupables, avec l'indifférence qui nous a livrés vingt ans au despotisme honteux qui nous a perdus.

Il n'est pas difficile de dégager le sentiment constant de la France des transformations multiples par lesquelles elle a passé. Elle n'a été, quoi qu'on en dise, ni inconstante, ni légère ; elle a toujours voulu la même chose : l'ordre et la liberté ; l'ordre avec passion, quand elle sortait des agitations tumultueuses de l'anarchie ; la liberté avec frénésie, quand elle échappait au despotisme. Un journal anglais disait ingénieusement l'autre jour, que notre histoire de près d'un siècle ne présentait, en définitive, sous l'apparence de réformes constitutionnelles radicales, que des changements pour ainsi dire de ministères, tour à tour *wighs*, ou *torys*, selon lė courant du sentiment populaire ; sous une forme spirituelle, l'idée est profondément vraie.

Ce gouvernement de l'ordre et de la liberté, il faut le fonder aujourd'hui. Il ne s'agit pas de refaire la société. Il ne s'agit pas de la violenter, au profit de doctrines absurdes ou criminelles, il suffit de l'organiser. Il faut simplifier notre législation, nos rouages administratifs, assurer le libre développement des aptitudes de tous, remanier sérieusement notre système militaire et répandre l'instruction publique ; il faut, avant tout, rétablir la sécurité dans le pays, et l'ordre dans nos finances. Soyons prêts à tous les sacrifices nécessaires, et aidons-nous par l'économie. Plus de faste, plus de *prestige*, plus de travaux somptueux, plus de dilapidations ruineuses, plus de liste civile impériale, plus de traitements de fonctionnaires, s'accroissant en quelque sorte à mesure que les services rendus diminuent. D'un trait de plume, et par la simple suppression de son superflu, la France peut trouver l'intérêt de la moitié peut-être de sa dette nouvelle !

Mais, pour que cette œuvre s'accomplisse, il faut que le travail des partis ne vienne point la troubler. L'esprit militaire nous a manqué : que l'esprit politique ne nous fasse pas défaut. Le gouvernement actuel de la France est sorti, librement, spontanément, du vœu populaire. Il est bien l'expression de la pensée du pays. Inclinons-nous avec respect devant lui. Le respect, c'est là notre premier devoir moral, au milieu de l'ébranlement universel.

Serrons-nous résolûment autour des hommes auxquels nos destinées viennent d'être confiées ; laissons-les en repos poursuivre leur tâche ; qu'ils réalisent sans entraves, sans revendications prématurées, le grand programme du gouvernement libéral de la France ; qu'ils nous protégent contre toutes les violences, contre toutes les réactions ; ils feront mieux ainsi que de proclamer la République, ils l'auront fondée !

E. A.

I

WOERTH

I

15 juillet 1870 : Déclaration de guerre. — 2 août : Saarbruck. — 4 août : Wissembourg. — 6 août : Woerth et Forbach.

Les résultats définitifs de la guerre de 1870 ne peuvent encore se dévoiler à nous : ouvrira-t-elle une nouvelle page de l'histoire, dans laquelle le nom et la race des Teutons prendront l'ascendant au sein de l'Europe orientale, et le Germain, comme aux jours de Clovis, dominera-t-il le Celte latinisé ? Enlèvera-t-elle quelques-unes de ses plus riches provinces à cet empire glorieux lentement élevé par la valeur, la sagesse et la diplomatie de la France, et qui a échappé aux périls de 1814-15? L'Allemagne va-t-elle consommer enfin l'œuvre de son unité par la communauté des efforts, des triomphes et de la gloire, détruire l'œuvre de la guerre de Trente ans et renverser l'échafaudage élevé par la politique de Richelieu et de Mazarin? Ou bien, comme pour le premier Napoléon, sommes-nous seulement en présence d'une série de succès militaires, sans résultats sérieux et permanents? Ce sont là des questions qui ne recevront peut-être pas de réponse pendant la génération présente.

Cependant, comme chroniqueur du jour, nous pouvons essayer de placer sous les yeux de nos lecteurs, le plus clairement possible, cette succession de scènes militaires qui commencent avec la déclaration de guerre de la France, pour finir à l'incroyable journée de Sedan, et de tracer l'esquisse d'une campagne non moins extraordinaire assurément que celles d'Austerlitz, d'Iéna, de Leipzig et de Waterloo; il n'est point difficile d'ailleurs de dégager la moralité immédiate de cette grande catastrophe. La campagne rapide de 1870 est véritablement féconde en leçons mémorables pour les chefs d'État, les soldats, les politiques et les sujets, pour ceux qui sont chargés des destinées des nations, et pour ceux qui expient par l'humiliation de leur pays, leur complicité dans les fautes de leur gouvernement.

Elle ne démontre pas seulement comment l'art de la guerre demeure toujours le même dans ses principes essentiels, en dépit de quelques changements accessoires, comment, plus que jamais peut-être, le génie militaire et le savoir-faire conservent aujourd'hui leur supériorité en campagne, et comment le sort des batailles dépend bien moins de ressources simplement mécaniques que de l'habileté du commandement, de la valeur, de la résolution, et du nombre. — Elle révèle encore de la manière la plus saisissante, quels peuvent être les résultats de l'incertitude et de l'hésitation, combien est faible tout pouvoir militaire qui repose seulement sur les souvenirs et la tradition et non sur sa propre force, à quel point apparaît miné et vacillant, au jour de l'épreuve, l'édifice du plus imposant despotisme, dégagé du contrôle de l'opinion publique, et quel peut être l'effroyable châtiment d'un peuple qui confie ses destinées à la volonté d'un seul, et sans prévoyance, sans calcul, s'embarque à l'aventure dans une lutte désespérée.

S'il faut regretter que, par certains détails, les renseignements que nous possédons soient incomplets, et si, à l'exception de la journée de Woerth, les comptes rendus officiels français nous font entièrement défaut, nous pensons cependant que, grâce surtout aux efforts et à l'indépendance de la presse anglaise, il est possible d'entreprendre aujourd'hui un récit des faits suffisamment exact et pratique.

Il est inutile de s'arrêter longuement aux causes de la guerre de 1870. Elle a toujours été menaçante depuis le jour où Sadowa plaça la Prusse à la tête de l'Allemagne, amena la formation de la Confédération du Nord, entraîna l'Allemagne du Sud et mit en danger la suprématie militaire de la France, en changeant la carte de l'Europe centrale. Les symptômes d'une rupture prochaine n'avaient pas manqué d'ailleurs, avec les armements immenses de la France et de la Prusse, la réorganisation du système militaire français, l'affaire du Luxembourg en 1867, la jalousie officieuse déployée par la France, à l'occasion du traité de Prague, la question des chemins de fer Belges et Suisses, l'inquiétude fiévreuse et l'attente du continent pendant les quatre dernières années.

Cependant, comme il arrive souvent, l'occasion immédiate du conflit fut puérile et insignifiante, et l'histoire dira que la lutte terrible qui mit aux prises les deux races les plus belliqueuses de l'Europe, des bords du Niémen à l'Atlantique, eut pour origine une simple question de point d'honneur. On peut se demander si la perspective d'un Hohenzollern sur le trône d'Espagne valait seulement une remontrance de la part de la France, et lorsque ses susceptibilités avaient reçu satisfaction, les exigences arrogantes de M. Benedetti étaient simplement un acte de criminelle folie. La responsabilité de ce redoutable conflit doit retomber sur l'empereur Napoléon et sur son gouvernement, et ses premiers mouvements militaires, en même temps que le langage imprudent de son Sénat docile, montrent que la querelle avait été manifestement préméditée par lui.

Les écrivains qui soutiennent que la France était en contradiction avec son chef à cet égard, et que, maintenant qu'elle a rompu avec l'Empire, elle n'est pas moralement responsable des actes de celui-ci, oublient l'explosion de passion nationale qui précéda la déclaration de guerre, et qui en suivit les préparatifs, les dispositions de la majorité dans l'Assemblée législative, la violence de la presse française, les scènes du mois de juillet à Paris, et il est impossible de croire que le fatal Empereur, dans la direction prise par lui, se soit engagé dans une entreprise véritablement contraire à la volonté nationale.

En fait, quoique combattue au nom des grands principes par quelques honnêtes gens comme M. Jules Favre, quoique blâmée au point de vue de l'opportunité par des hommes d'État comme M. Thiers, et quoique privée peut-être de l'adhésion des campagnes, la guerre fut populaire chez toutes les classes que l'on peut considérer dans l'organisation impériale, comme l'expression véritable de l'opinion publique, et il n'est pas difficile d'en trouver l'explication sans imputer à la France, en tant que nation, un désir particulier de conquête étrangère, ou même tout simplement de gloire militaire.

Une série d'événements avaient fait incontestablement de la France le premier pouvoir du continent, et lorsque cette suprématie se trouva mise en question par le résultat de la campagne de 1866, il était tout simple, avec les leçons de l'histoire, que la France dût tenter d'arrêter les progrès et d'abaisser la grandeur croissante de sa rivale. Pour comprendre l'attitude de la France, il suffit de nous demander ce que serait le sentiment national en Angleterre si notre ascendant sur les mers se trouvait tout à coup menacé, et quoique la guerre de 1870 n'ait pas été provoquée par l'Allemagne, celle-ci aurait fort à faire de prouver aujourd'hui que les Français ont tort de mettre à sa charge un plan et des combinaisons d'ambition sans scrupule.

Après les tentatives de médiation de l'Angleterre, la guerre fut déclarée le 15 juillet. La manière dont l'appel aux armes fut accueilli en France et en Allemagne, est caractéristique, de la part des deux grandes races qui allaient se ruer l'une sur l'autre dans un choc mortel. Le cœur léger de M. Ollivier, les applaudissements qui ébranlèrent l'Assemblée législative, l'exaltation répandue dans les rues de Paris, la foule chantant *la Marseillaise* sur le passage des troupes en marche pour le Rhin, les clameurs, le bruit, les promesses pleines de jactance d'une nouvelle journée d'Iéna, rappellent au lecteur les traits particuliers qui, depuis César, ont distingué la Gaule : pendant que, dans la réserve sévère, la mâle résolution, la force contenue de l'Allemagne unie, nous retrouvons bien toutes les qualités de ce peuple puissant qui écrasa les légions de Varus et défia l'empire Romain.

Peu de jours suffirent pour montrer que les espérances que la France avait pu fonder sur la désaffection du Hanovre, sur l'hostilité de Francfort, sur la division de l'Allemagne du Nord et de l'Allemagne du Sud, perpétuée par un antagonisme de deux siècles, n'étaient que le rêve d'une diplomatie ignorante, et il ne fut plus permis d'imaginer qu'une Confédération du Rhin livrerait les portes de la mère-patrie, ou se prêterait à reconnaître la suzeraineté d'un Napoléon.

La Bavière, Bade et le Wurtemberg répondirent allègrement à l'appel de la Prusse ; la Saxe, écartant les souvenirs de 1866, prépara son contingent; toutes discussions cessèrent dans les provinces annexées, et l'Allemagne tout entière, du même esprit et du même cœur, courut aux armes pour repousser l'étranger. Avant qu'un coup de feu eût été tiré, l'Empereur des Français avait dû comprendre qu'il s'était mépris, que ses calculs d'alliances ou de soulèvements au delà du Rhin, étaient sans fondement; et, en réalité, le défi de 1870 a probablement fait plus pour la consolidation de l'Allemagne qu'aucun événement depuis la guerre de l'indépendance.

Le dé était jeté cependant, et la France qui, au début peut-être, avait compté lutter avec la Prusse seule, se précipita dans la plus terrible aventure avec une confiance incroyable, quoique son chef lui-même, plus prudent, semble avoir eu de sérieuses inquiétudes sur l'issue définitive.

Pendant ce temps-là, les troupes françaises s'avançaient nombreuses et rapides vers la frontière, et à la fin de la troisième semaine de juillet, une vaste et formidable armée avait pris position dans l'espace qui s'étend de Thionville sur la basse Moselle à Belfort, du côté des Vosges du Sud ; le premier corps, sous le Maréchal Mac-Mahon, formé en grande partie de régiments d'Afrique, s'était avancé vers le nord, et se concentrait dans Strasbourg et tout alentour ; le cinquième et le second corps, sous de Failly et Frossard, partis l'un de Tours et l'autre de Châlons, stationnaient à Bitsche et à Saint-Avold, jusque sur la lisière des provinces du Rhin. Le quatrième corps, conduit par Ladmirault, et provenant de Lille, d'Arras et du département du Nord, occupait une ligne à peu près parallèle à Thionville, pendant que Bazaine, avec le troisième corps, s'avançait de Besançon et de Lyon, et campait devant la grande forteresse de Metz. Le sixième, sous le commandement de Canrobert, marchait de Châlons sur Nancy. La garde impériale quittait rapidement Paris. Au sud-est, le septième corps avec Douay surveillait Belfort, un des points faibles de la France, et d'un accès facile pour l'Allemagne du Sud. L'armée française, étendue en front, avec ses réserves resserrées sur une plus courte ligne, se développait ainsi, comme un large éventail, et menaçait l'Allemagne du Nord et du Sud, depuis la vallée de la Moselle jusqu'à la forêt Noire.

Telle était la disposition des armées françaises; et la manière dont elles avaient été rassemblées et dirigées graduellement vers la frontière, en partie même avant la fin de juin, ne permet pas de douter qu'une attaque sur la Prusse eût été arrêtée à une époque antérieure à la déclaration de guerre. Un semblable plan était tout à fait d'accord avec la politique peu scrupuleuse du premier Empire ; l'étudiant militaire remarquera que la distribution des armées françaises était non-seulement calculée pour un mouvement offensif, mais répondait bien à son objet. Les corps les plus avancés sur la Moselle et la Saar, en communication suffisante entre eux tant que l'ennemi était à distance, appuyés sur Metz et même sur Strasbourg, menaçaient toutes les provinces du Rhin, pendant que Bade aussi était en péril, et une large force était sous la main à l'arrière, qui pouvait être lancée rapidement sur tout point définitivement choisi par l'envahisseur.

La stratégie des Français en conséquence se proposait évidemment une attaque rapide, et tout avait été combiné à cet effet. Ils avaient pris tout d'abord une position avantageuse et il n'y avait pas à craindre que les généraux français, élevés dans les traditions de la grande armée, pussent perdre une occasion favorable.

En outre, il est une autre considération qui ne pouvait avoir échappée à l'Empereur et qui laissait croire à l'Europe qu'il prendrait dès le début une vigoureuse initiative. La force militaire de la France consistait en une armée permanente et organisée de telle sorte, qu'au commencement de la guerre on la supposait supérieure à toutes les ressources immédiates de l'Allemagne, quoiqu'on sût bien qu'elle dût se trouver plus faible à la longue, et que son mode de recrutement fût lent et faiblement soutenu par les levées nationales qui, en imitation du système allemand, avaient été récemment organisées à titre de réserve.

Mais l'Allemagne était une nation armée; si au

début ses troupes permanentes étaient véritablement inférieures à celles de la France, elles pouvaient prendre rapidement des proportions immenses, et derrière elles se trouvaient des masses toutes prêtes comprenant la fleur du pays, qui, l'expérience l'avait montré, se rangeraient avec une rapidité extraordinaire sous le drapeau de l'armée régulière et qui, une fois rassemblées, présenteraient un ensemble bien supérieur à toutes les ressources de la France.

L'espoir de la France reposait donc sur l'offensive, et si sa première ligne attaquait hardiment, elle pouvait paralyser ou briser les forces de l'Allemagne, l'empêcher de concentrer ses ressources, l'écraser rapidement, et raviver peut-être des dissensions intérieures, réveillées par un désastre soudain et terrible. D'un autre côté, si l'Allemagne pouvait réunir ses gigantesques ressources militaires et avait le temps de les mettre en ligne, la balance devait incliner de son côté, et la campagne entière de 1866 avait montré que la Prusse, même seule, était au plus haut degré formidable.

Pour ces motifs, il semble évident qu'une

campagne offensive contre l'Allemagne était entrée dans les desseins de l'Empereur des Français, et on était généralement persuadé que l'orage de la guerre se concentrerait dans les provinces du Rhin, au moins dans la dernière semaine de juillet. Qui peut dire ce qui fût arrivé, si le commandement de l'armée eût été dans les mains d'un général comme le premier Napoléon, alors que les premières divisions françaises touchaient déjà les frontières allemandes sans défenses ?

A ce moment, on le sait, l'Allemagne était comparativement loin d'être prête. Les contingents de Bade et de Wurtemberg commençaient seulement à se réunir, l'armée Bavaroise était loin encore. Les forces mêmes de la Confédération du Sud n'avaient pas dépassé le Weser et l'Elbe, et l'on a affirmé avec de bonnes autorités que les grandes forteresses du Rhin n'avaient qu'une faible garnison, et que trois corps allemands seulement, ceux-ci à de grandes distances les uns des autres, de Dusseldorf à Trèves et à Mayence, pouvaient avoir gagné le Palatinat.

Il y avait là une occasion qu'un grand général aurait saisie, et il n'est pas improbable que si le premier Napoléon eût été en scène dans de pareilles circonstances, il eût complétement changé le caractère de la campagne, et par un mouvement rapide et bien combiné, pris possession des provinces du Rhin et marché peut-être jusqu'à Mayence.

Mais la faiblesse et l'indécision tenaient la place du génie et de l'habileté dans le camp français, et l'occasion fut perdue dont la destinée des deux nations dépendait peut-être. L'Empereur qui avait attendu à Paris plus longtemps qu'il n'aurait dû (il avait été probablement engagé jusqu'au dernier moment dans des négociations diplomatiques infructueuses), n'atteignit pas son quartier général à Metz avant le 28 juillet; et même lorsqu'il prit le commandement de l'armée, il fit une longue pause de mauvais présage pour ses opérations à venir.

Pendant ce temps, le corps de Mac-Mahon s'avançait de Strasbourg sur la Lauter, ceux de de Failly et de Frossard touchaient à la Saar. La garde impériale avait rejoint Bazaine à Metz, pendant que Ladmirault gardait sa première position et que Canrobert arrivait à Nancy, et rien encore ne pouvait arrêter une marche hardie à travers le Palatinat.

Mais les jours se succédèrent et en exceptant l'affaire absurde de Saarbruck, l'armée française tout entière resta inactive et ses divisions ne furent même pas réunies pour le mouvement offensif que l'on attendait toujours.

On dit que le motif de cette inaction tint à la découverte faite par l'Empereur que son corps était plus faible qu'il ne l'avait supposé, que son commissariat était très-défectueux, et nous croyons cela certain en effet. Mais dans la situation actuelle des choses, lorsque d'une rapide attaque dépendait le sort de la patrie, des considérations de cette espèce n'auraient pas paralysé un grand général, et il n'y a dans aucun cas d'excuse possible pour avoir laissé l'armée française placée comme elle l'était, éparpillée sur une large étendue, avec ses corps sans appui réciproque, lorsque près de trois semaines après la déclaration de guerre, l'approche de l'ennemi pouvait être attendue.

Pendant que l'Empereur perdait ainsi son temps sur la Saar, son ennemi agissait tout autrement. Aussitôt que les hostilités éclatèrent, des ordres furent donnés dans toute l'Allemagne de placer l'armée sur le pied de guerre, et ils furent obéis avec un dévouement plein de patriotisme. Il est bien connu aujourd'hui que les hommes éminents qui dirigent la fortune militaire de la Prusse, redoutaient que l'organisation nationale fût au-dessous des nécessités d'une irruption soudaine, et craignaient les conséquences d'une guerre offensive. Mais, à mesure que le temps s'écoulait, en présence du merveilleux spectacle de l'Allemagne se levant tout entière en armes, non pas avec l'élan désordonné de la passion, mais avec la force de la méthode et de la discipline, l'anxiété dut faire place à la confiance; de la mer du Nord au Danube, du Rhin au Niémen, l'appel pour combattre le vieil ennemi fut entendu; et même à l'étranger, partout où le nom allemand se retrouvait, le cri de guerre fut unanime.

En peu de jours ce merveilleux système qui, comme au temps de Tacite, enrégimente l'Allemagne pour le combat, « chaque tribu et chaque famille à sa place et non dans la confusion d'une aggrégation de hasard », était en pleine activité à travers le pays tout entier, et sous l'influence d'un zèle ardent, d'une discipline éprouvée et d'une direction habile, les armées nationales devinrent véritablement formidables. Chaque bataillon rappela rapidement ses réserves à son centre de recrutement, et se constitua dans toute sa force. Les régiments ainsi formés, se distribuaient immédiatement en divisions et en corps, sous des chefs éprouvés et munis de tous les accessoires de campagne.

Derrière, pour renforcer les troupes régulières et organisée de même selon les localités respectives, la landwehr se tenait en seconde et en troisième ligne. Et ces masses gigantesques, parfaitement équipées, et formant dans toute la force du terme une armée nationale, étaient dirigées vers l'ouest, avec toute la rapidité qui appartient seulement à la locomotion moderne. Des témoins oculaires ont dit comment, chaque jour, de la seconde semaine de juillet à la fin du mois, les chemins de fer allemands transportèrent successivement la puissante armée, comment les soldats fournis de tout le matériel de guerre roulèrent rapidement, quoiqu'en ordre, jusqu'à leur point de réunion fixé, pendant qu'en même temps l'œuvre de préparation se poursuivait dans les forteresses du Rhin, qu'on y renforçait les garnisons, qu'on y réparait les ouvrages, qu'on y remplissait d'eau les fossés, que les remparts se couronnaient de canons et qu'elles étaient mises en état de défier l'envahisseur.

Aux premiers jours d'août, trois grandes armées avaient pris possession de la bande de territoire qui, de la basse Moselle au Rhin, a été, pendant des siècles, le champ de bataille des races franques et germaines.

La première armée, composée du septième, du huitième et d'une partie du dixième corps, sous le commandement du vieux Steinmetz, était descendue du Nord dans la vallée de la Moselle, et probablement de Bingen, le long du chemin de fer, et elle s'approchait maintenant de la ligne de la Saar, avec sa division d'arrière-garde à peu de distance

La seconde armée, conduite par le prince Frédéric-Charles, mais sous le commandement nominal du Roi, avait traversé le Rhin à Manheim et à Mayence, et n'était pas si avancée que la première, mais son front avait rejoint la gauche de Steinmetz, et elle occupait en force la région centrale entre le Hochwald et les Vosges du Nord, principale avenue pour pénétrer au cœur de la ligne du Rhin. Cette armée, encore incomplète, ne devait pas comprendre moins de sept corps : — la garde, le premier, le deuxième, le troisième, le quatrième, le neuvième et le douzième, composés de Saxons ; elle formait le centre des grandes masses allemandes et était dès à présent en situation de coopérer à un mouvement sur la Saar ; pendant que s'étendant de Landstuhl à Kaiserslautern, et de là, par son aile gauche, à Neustadt et Spire, elle était également prête pour l'attaque et pour la défense.

Cependant, sous le Prince Royal de Prusse, la troisième armée avait franchi le Rhin. Elle se composait de trois corps Prussiens : — le cinquième et le onzième avec le sixième à l'arrière, et de deux corps Bavarois considérables avec les contingents Badois et Wurtembergeois ; et s'appuyant sur Landau et Gemersheim, touchant par sa droite la seconde armée, ses avant-postes atteignaient la Lauter, où les lignes de Villars auraient dû rappeler à la France qu'elle avait un point faible sur la frontière d'Alsace.

Les huit corps de l'armée française ne comptaient pas moins, dit-on, au début de la guerre, de trois cent cinquante mille hommes, avec de l'artillerie et de la cavalerie en proportion ; il est certain cependant qu'il y a beaucoup à déduire de cette force imposante, et des bruits terribles ont circulé relativement à la corruption officielle et aux dilapidations qui auraient fait entrer en campagne des régiments et des bataillons réduits aux deux tiers seulement de leur force supposée ; nous pensons que ces huit corps n'atteignirent jamais trois cent mille hommes, et comme il n'y en avait que six dans le cercle d'opérations des provinces du Rhin, véritablement constitués tout au moins, les corps de Douay et de Canrobert étant encore bien loin, nous doutons qu'il y ait jamais eu en ligne entre Thionville, Metz et Strasbourg plus de deux cent vingt mille Français.

Mais, le 2 et le 3 août, nous sommes également convaincus qu'il y avait bien sur la frontière près de la Saar et de la Lauter, deux cent mille Allemands, tandis qu'à l'arrière, deux cent mille encore, et plus peut-être, s'avançaient le long des principales routes qui descendent en France, par les provinces du Rhin, et étaient en communication avec leur avant-garde.

Le retard qui avait permis à l'Allemagne de s'armer et de se jeter sur le Rhin, avait ainsi placé l'armée française dans une infériorité numérique de deux contre un, sur le point choisi par ses chefs, et littéralement, avant même qu'aucun coup eût encore été frappé, les chances de succès s'étaient presque évanouies.

Un simple calcul de chiffres ne suffirait pas cependant à donner une idée exacte du danger dans lequel les Français se trouvaient maintenant placés et de la distance qui sépare l'énergie et l'habileté déployées si admirablement par les généraux allemands et la stratégie maladroite des généraux français. Un regard sur la carte montrera que le corps qui de Thionville au nord de Strasbourg, formait la ligne avancée de l'armée française, était non-seulement éparpillé sur un large front et sans solidité, mais était jeté beaucoup trop loin en avant de son point d'appui à Metz, et se trouvait ainsi exposé à se laisser isoler et battre en détail par un ennemi hardi. Ce fut particulièrement le cas avec les corps de Frossard, de de Failly et de Mac-Mahon, qui, séparés les uns des autres et des corps en arrière, étaient dans une position quelque peu semblable à celle des Français, avant les succès de Napoléon Ier, à Landshut et Ratisbonne.

D'un autre côté, les corps allemands ramassés de Saarlouis à Wissembourg avec leurs points d'appui à portée, de Neuenkirchen à Hombourg, Kaiserslautern, Neustadt et Landau, et maîtres de trois chemins de fer et de trois grandes routes, étaient déjà à même de jeter une force supérieure sur la ligne française, quel que fût le point d'attaque, et l'ayant rompue, de faire déborder en France, le flot d'une invasion irrésistible.

En fait, par rapport au front français, ils tenaient la corde de l'arc, de Thionville à Bitsche et Strasbourg, avec de plus faciles moyens de concentration, et ils étaient en mesure de seconder une marche vigoureuse en avant, par un mouvement offensif tout puissant.

Les combinaisons qui aboutirent à un pareil résultat, font le plus grand honneur aux généraux allemands et à leurs troupes. Elles révèlent à la fois l'habileté, la prévoyance, l'énergie, la résolution, et elles furent conduites avec ce secret et cette rapidité qui sont inappréciables dans les opérations militaires. Déjà l'orage qui flottait au-dessus de la Saar, menaçait les forces de la France d'un véritable désastre : nous allons voir comment il éclata.

Les généraux allemands ne furent pas longs à profiter des avantages qu'ils avaient acquis, et à assaillir le front éparpillé de l'ennemi. Le 2 août, un détachement français du corps de Frossard avait atteint les hauteurs qui dominent la ville de *Saarbrück* et avait délogé une force inférieure prussienne ; mais comme il ne fut fait aucune tentative de passer outre, il y a lieu de croire que ce que l'on supposait le commencement d'un mouvement offensif pour saisir le point important de Neuenkirchen, et couper la communication entre les lignes de chemin de fer qui convergent sur ce point de l'Est et de l'Ouest, n'était tout simplement qu'une démonstration destinée à occuper les troupes et à offrir au Prince Impérial un simulacre de guerre.

Le lendemain, tout était tranquille le long des lignes françaises ; les divisions restèrent dans leurs positions précédentes et, quoique le pays entre Saarbrück et Saarlouis eût été, dit-on, l'objet de reconnaissances partielles, pas un seul des généraux français ne semble avoir imaginé que les têtes de colonnes de trois armées ennemies étaient à quelques lieues d'eux seulement, de l'autre côté de la frontière.

Ces rêves indolents d'une confiance étourdie furent brusquement dissipés le 4 août. Le matin de ce jour, le Prince Royal de Prusse qui avait peu à peu augmenté ses forces, traversa la Lauter, et tomba sur une division française, qui, détachée du corps de Mac-Mahon, et jetée négligemment loin de tout appui, était campée près de la vieille ville de *Wissembourg*.

Le Prince, en commandant habile, avait pris soin de s'assurer le succès, afin d'être certain que le premier coup qu'il frapperait (matière d'importance vitale en guerre) serait irrésistible et complétement décisif. Ayant détaché une division Badoise à sa gauche, il lança trois divisions contre les Français en front et, par un mouvement rapide, tomba vigoureusement sur son ennemi surpris et sans défiance.

Il avait à peu près quarante mille hommes contre dix mille ou douze mille et le résultat fut ce qu'on peut toujours attendre, quand une force de plus de trois contre un attaque subitement un adversairen [illegible] préparé.

Les Français éparpillés négligemment dans leur camp et prenant, dit-on, leur repas du matin furent complétement surpris quand les avant-postes prussiens sortirent des bois dans lesquels ils s'étaient cachés ; et quoiqu'ils opposassent une vaillante résistance et arrêtassent un instant l'ennemi dans les maisons et les enclos du voisinage de Wissembourg, ils furent bientôt accablés par une force supérieure.

Quand le Geisberg eût été enlevé par les Prussiens, la ligne française lâcha pied en désordre, et ses débris ayant perdu leur commandant (le frère du chef du septième corps) se retirèrent précipitamment abandonnant dans leur fuite un canon et environ cinq cents prisonniers.

L'affaire de Wissembourg ne fut qu'un com bat dont on ne pouvait pas nécessairement attendre des conséquences absolument importantes, mais il fut utile aux vainqueurs parce qu'il donnait à leurs armes ce crédit et cette espérance de succès si précieux au début d'une campagne.

Le Prince Royal consacra le 5 août à rassembler ses troupes en avant de Wissembourg, et avant la tombée de la nuit, il avait concentré une armée qui n'était pas au-dessous de cent vingt mille hommes, qui menaçait la grande route de la frontière à Strasbourg, pendant que sa division Badoise restait menaçante sur la ligne parallèle qui part de Lauterbourg.

Il avait beaucoup souffert le jour précédent, un grand nombre de traînards encombraient la marche de ses colonnes, et si de Failly conduisan le cinquième corps français, combiné avec une force française en tête, avait, de Bitsche, attaqué les Allemands en flanc, comme ils jetaient leur aile droite en avant, il n'est pas impossible qu'un échec eût été infligé au général prussien.

Rien de la sorte néanmoins ne fut tenté, et pendant que de Failly envoyait une division qui ne pouvait être que de peu d'utilité à travers les montagnes, il restait immobile avec le gros de ses forces, interprétant mal, dit-on, ses ordres, pendant que l'armée allemande se concentrait.

Cependant, Mac-Mahon qui, avec le premier corps, accru de renforts peu importants, avait été placé au delà de Haguenau, se préparait à marcher sur la Lauter, à la nouvelle de la défaite de Wissembourg, ramassait sans délai ses troupes, et se tenait prêt à accepter la bataille.

Le bruit qu'il s'avança imprudemment pour attaquer le Prince Royal et qu'il alla lui-même au-devant de sa défaite, est évidemment faux et les dispositions du Maréchal de France semblent avoir été bien conçues et bien exécutées.

Il chercha et occupa une forte position, d'où il menaçait le flanc des Allemands, s'ils avançaient sur la grande route de Strasbourg, — les forçant ainsi à l'attaquer, — et vers laquelle il pourrait tirer des renforts de de Failly, si ce général venait à son aide, en même temps qu'elle suffirait à couvrir sa ligne de retraite, excepté dans le cas d'une complète déroute.

Il plaça son armée sur une suite d'éminences, dans des emplacements garnis de roches, en partie protégées par le ruisseau de la Sauer, avec des hameaux et un terrain difficile sur leurs pentes, et qui s'étendait à peu près de Reichshoffen par Frœschweiller, au delà d'Elsasshausen. La gauche des Français s'appuyait sur Reichshoffen, protégée par la ville et les hauteurs; son centre s'étendait au delà de Frœschweiller, et occupait le terrain qui s'élève entre cette place et Woerth; la droite se prolongeait bien au delà de Elsasshausen, flanquée d'un village et d'une colline extrêmement roides et ardus. Là, occupant le plateau à l'ouest de cette ligne, le front solide et les flancs bien gardés, dans une position avec laquelle toute attaque était entravée par des obstacles multiples : enclos, villages, vignes et ruisseaux, Mac-Mahon attendit avec fermeté l'ennemi, et il semble établi qu'il avait fait tout ce qu'il est permis de demander à un général habile.

Il avait peut-être quarante-sept mille hommes, composés de son propre corps, dont une division avait été grandement réduite à Wissembourg, d'une division du septième corps de Douay, et d'une brigade de cuirassiers du sixième corps; il disposa son armée en deux lignes, maintenant sa cavalerie à l'écart et en réserve.

Le Prince Royal avait en main une force immense pour assaillir l'ennemi dans sa forte position.

Il avait concentré deux régiments Bavarois, et le cinquième et le onzième corps Prussiens, avec une forte division de Wurtembergeois, et il se mit en mouvement avec plus de cent vingt mille hommes, et probablement près de quatre cents canons, contre le Maréchal de France.

Obligées de dévier un peu à droite et de détourner leur front de la route de Strasbourg, les masses allemandes se trouvaient désunies le 6, au matin, et pendant que leur centre et leur droite approchaient des Français, plusieurs de leurs divisions se trouvaient encore à distance.

Le combat commença environ deux heures après l'aube, par des escarmouches sur la droite et le centre des Allemands, auxquels les Français répondirent vigoureusement ; le cinquième corps prussien avança alors son artillerie pour protéger la position qu'il occupait à *Woerth*.

Cependant les généraux allemands attendaient l'arrivée de leurs masses pour attaquer, et un mouvement en avant d'un corps Bavarois, qui avait fait impression à la gauche française, fut contremandé vers dix heures.

La retraite de ce corps laissa le cinquième corps Prussien quelque peu exposé ; et Mac-Mahon, saisissant l'occasion, se jeta en avant et chercha à écraser cette partie isolée des forces de son adversaire.

Un engagement sanglant se déchaîna pendant deux heures environ autour de Woerth, chacun, des deux côtés, combattant avec la valeur la plus obstinée ; mais l'arrivée du onzième corps Prussien força les Français, qui étaient pris en flanc, à se replier lentement sur leur centre. C'était maintenant le tour des Allemands d'avancer, et les deux corps Prussiens assaillirent les hauteurs près de Frœschweiller, avec un courage héroïque, pendant qu'un corps Bavarois engageait la gauche des Français, qui, pendant quelque temps, avait été peu occupée.

L'attaque et la défense furent également acharnées; les Allemands, en s'élançant sur les talus escarpés, furent, à plusieurs reprises, rejetés en arrière avec de grosses pertes, et le sort de la bataille flottait indécis, les Français, quoique grandement inférieurs en nombre, ayant d'immenses avantages par leur position.

A deux heures cependant, les forces Allemandes tout entières étaient entrées en ligne, et le Prince Royal se détermina à faire un effort décisif contre l'ennemi.

Pendant qu'il engageait encore Mac-Mahon en front, il mit en mouvement un corps Bavarois pour tourner l'extrême droite des Français, et il lança sur Reichshoffen les autres corps Bavarois et les Wurtembergeois, pour tourner la gauche des Français et leur meilleure ligne de retraite. Les Français frappèrent vigoureusement au centre des Allemands un instant affaibli par tous ces mouvements, mais quoiqu'ils déployassent une bravoure consommée, ils furent définitivement rejetés en arrière et repoussés sur Frœschweiller.

Pendant ce temps, l'attaque des Allemands sur leurs ailes se développait avec des forces formidables, et des colonnes épaisses s'étendaient loin au delà d'Elsasshausen, pendant qu'à plusieurs lieues en avant, les hauteurs de Reichsoffen étaient enveloppées d'une ligne de feu.

Quand l'orage éclata sur la droite des Français, Mac-Mahon ramena son aile sur son centre, mouvement exécuté sous un feu violent, et s'efforça de s'arrêter pour un moment, mais la pression devint bientôt accablante, et furieusement assaillis en front et en flanc, la droite et le centre des Français furent coupés en deux et rompirent, brisés et dispersés.

A peu près au même moment, l'aile gauche entière des Français était prise en flanc, repoussée et écrasée, et avant six heures du soir, la magnifique armée qui avait couronné les hauteurs au-devant de Woerth, au lever du soleil, n'était plus qu'une masse confuse de fuyards découragés se précipitant sans espoir le long des routes qui conduisent à Niederbronn, Saverne et Strasbourg.

La retraite, quoique couverte par une division du corps de de Failly, qui était accourue de Bitsche trop tard pour prendre part à la bataille, fut une déroute précipitée et désastreuse. Plus de vingt mille hommes furent tués, blessés ou faits prisonniers. Trente canons et six mitrailleuses furent pris, et pendant plusieurs jours les forces de Mac-Mahon au point de vue militaire, se trouvèrent réduites à néant.

Le plan de la campagne et la caisse du premier corps tombèrent dans les mains des vainqueurs, et témoignage du luxe qui prévalait malheureusement dans l'armée française, parmi tous les trophées de la victoire, se trouvait jusqu'à une collection chamarrée de robes et de parures de femmes !

Cette bataille, très-disputée, fut honorable à la fois pour les vainqueurs et les vaincus.

Les Allemands certainement étaient en force irrésistible, mais on ne put s'en apercevoir que dans l'après-midi, et pendant plusieurs heures les Français eurent l'avantage d'une formidable position.

Quand l'attaque des Allemands se développa complétement, elle se montra, comme on pouvait s'y attendre, écrasante. Toutefois il y eut un moment où les Allemands combattirent avec une supériorité de nombre qui n'était pas encore trop grande pour rendre la lutte tout à fait inégale.

D'un autre côté, les Français attaquèrent à plusieurs reprises avec un courage splendide, et résistèrent avec une résolution indomptable ; ils manœuvrèrent évidemment avec l'aisance, la rapidité et la précision d'une armée bien disciplinée.

Néanmoins, comme il leur est souvent arrivé, ils montrèrent des signes de panique vers la fin du combat : ils fléchirent rapidement lorsqu'ils furent pris en flanc, et se retirèrent du champ de bataille en confusion et en désordre.

En ce qui touche la tactique des généraux opposés, les mouvements des Allemands, au commencement de la journée, semblent n'avoir pas été bien réglés ; leurs attaques furent partielles et sans ensemble, et Mac-Mahon eut plus d'une chance, surtout contre le centre qui était à Wœrth, et s'il eût eu avec lui le corps de de Failly, le résultat aurait pu être bien différent.

Il est reconnu aussi par les Allemands eux-mêmes, que leur cavalerie aurait pu faire davantage; si elle eût été plus hardiment et plus vigoureusement mise en œuvre, après que les flancs de l'armée française furent définitivement tournés, l'armée de Mac-Mahon aurait pu être détruite ; il est au moins probable qu'elle eût été complétement coupée, et qu'elle aurait perdu presque toute son artillerie. Néanmoins, la manière dont le Prince Royal disposa ses forces pour la double attaque dirigée sur les deux flancs français, semble avoir été admirable quoique périlleuse, et si l'on peut dire qu'il agit d'abord avec timidité, quelque hésitation et peut-être sans l'espoir d'un grand succès, il montra néanmoins les qualités d'un vrai général au moment décisif.

La conduite de Mac-Mahon dans la première partie de la journée, fut digne de sa haute réputation : il tira tout le parti possible de son armée et du terrain qu'il avait choisi, et mania ses troupes avec entrain et habileté; mais peut-être aurait-il dû effectuer sa retraite pendant qu'une occasion lui restait encore, lorsque les grandes attaques en flanc se développèrent.

Il ne paraît pas avoir essayé de faire impression sur les colonnes prussiennes par le large usage de la mitrailleuse encore inconnue et redoutée; mais il est possible que la nature des pentes boisées et interrompues, ait empêché le jeu de cette arme terrible, et on ne peut guère supposer que ce général eût manqué l'occasion, si elle se fût offerte naturellement.

Les Français commirent assurément une grande méprise vers la fin du jour; la brigade de cuirassiers du sixième corps reçut l'ordre de charger les Prussiens qui s'avançaient, sur un terrain complétement impropre à la cavalerie, et cette belle réserve qui aurait dû couvrir la retraite, fut presque entièrement anéantie.

Pendant que cette lutte désespérée s'engageait sur l'extrême droite de la ligne française, une autre bataille d'une différente nature se livrait près de son centre.

Le 5 août, le deuxième corps français commença à évacuer les hauteurs de Saarbrück qu'il avait négligemment occupées trois jours avant, et à la tombée de la nuit, il s'étendait en s'élargissant le long de la vallée qui conduit de cette plaine à Forbach.

Le matin du 6, ses avant-postes furent repoussés en arrière, et surpris par une seule division allemande de l'avant-garde du septième corps de Steinmetz qui, avec des renforts considérables derrière lui, avait franchi la Saar et passé à travers Saarbrück.

S'apercevant de la faiblesse de l'ennemi en face d'eux, les Français, dont les forces, dit-on, étaient soutenues par une division du troisième corps de Bazaine, s'avancèrent dans la vallée, encore du côté de Saarbrück, prirent possession d'une ligne de hauteurs avec des bois à droite, et attendirent l'approche de l'ennemi avec une entière confiance.

Là, ils furent assaillis avec une étonnante témérité par les Allemands qui, quoique grandement inférieurs en nombre, vinrent à bout pendant quelques heures de harasser les Français et de les tenir en échec, et les empêchèrent même, en menaçant leur flanc gauche, de descendre des hauteurs et de tomber en force sur l'ennemi.

Cette attitude hardie donna le temps à une autre division du corps de Steinmetz de se hâter et d'arriver sur le théâtre de l'action; bientôt cette division fut encore renforcée par une troisième division de l'armée du prince Frédéric-Charles, accourue en hâte par le chemin de fer, de Neunkirchen et mise rapidement en mouvement au bruit du canon.

La lutte devint alors moins inégale, quoique l'avantage fût encore en faveur des Français ; les Allemands se déployant, attaquèrent la droite des Français par un feu continuel de tirailleurs lancés à travers les bois, pendant qu'ils s'élançaient de face, le long des hauteurs qui étaient la clef de la position française. Le combat fut sanglant et furieux ; les Allemands chargeaient sans relâche et étaient repoussés en arrière avec des pertes considérables ; mais à la fin, la droite des Français lâcha pied, mutilée par les sanglantes décharges partant des bois, et les bataillons allemands s'élancèrent sur les hauteurs avec un courage étonnant.

Après ce grand succès de leurs adversaires, les Français réunirent toutes leurs forces pour tenter un dernier effort, mais leurs attaques échouèrent contre les lignes allemandes comme les vagues qui se précipitent et se brisent contre les rochers, et bientôt un nouvel ennemi apparut qui les contraignit à une retraite précipitée.

Une quatrième division allemande du corps de Steinmetz venue de Saarbrück, se montra sur la gauche et aussitôt que ses colonnes atteignirent le champ de bataille, l'armée française tout entière se brisa et s'enfuit en débandade complète, abandonnant bagages, canons, caissons et perdant sa meilleure ligne de retraite par *Forbach*.

Cette victoire fut glorieuse pour les troupes allemandes, qui pendant une grande partie de la journée, luttèrent contre des masses accablantes, et délogèrent l'ennemi d'une très-forte position.

Quoique les Français eussent d'abord combattu valeureusement, ils furent certainement très-mal dirigés et vers la fin de la lutte ils perdirent toute confiance et leur retraite devint une déroute. Il n'est pas improbable que le mouvement en avant de la première division allemande fut prématuré, mais les dispositions des généraux allemands, une fois la bataille engagée, furent habiles. Leurs renforts furent rapidement amenés sur le champ de bataille ; ils semblent avoir choisi les vrais points d'attaque ; un témoin oculaire a constaté avec quelle adresse admirable ils se servirent du couvert des bois pour lasser et détruire la droite des Français. D'un autre côté, la tactique des Français semble avoir été aussi mauvaise que possible; ils furent non-seulement surpris dans la matinée mais encore ils auraient dû facilement écraser la première division allemande ; ils attaquèrent en force quand il était déjà trop tard, et l'ensemble de l'affaire semble bien confirmer ce bruit presque incroyable, que le général Frossard resta éloigné de ses troupes pendant la plus grande partie de la journée.

Les résultats des deux engagements du 6, auxquels les vainqueurs ont donné les noms de Woerth et de Forbach, révélaient pleinement les erreurs fatales de stratégie commises par le commandant en chef des Français et plaçaient l'armée française tout entière dans la plus critique position.

La ligne de front française, faible et trop étendue, avait été brisée par deux coups terribles, et rejetée en déroute sur ses réserves, qui pouvaient être enveloppées dans son désastre; dès maintenant il était devenu douteux si ces fragments rompus et dispersés pourraient se réunir et opposer leurs forces combinées à l'ennemi triomphant. L'aile droite sous Mac-Mahon était rejetée derrière les Vosges, masse confuse et désorganisée. Le corps de de Failly qui restait entre les armées mise en déroute à Woerth et à Forbach, était exposé à être coupé en deux et détruit ; et la gauche et le centre des Français, espacés à de longs intervalles, avec le corps de Frossard presque détruit, n'était pas en position de résister au flot tout-puissant de l'invasion allemande, dont les vagues allaient les unes après les autres, déborder maintenant au delà de la Saar, et à travers les défilés des Vosges.

II

SEDAN

II

14 août, 16 août : Borny, Mars-la-Tour et Rezonville. — 18 août : Gravelotte. — 1er et 2 septembre : Sedan.

Après la terrible défaite qu'elle avait éprouvée à Woerth, l'armée du Maréchal Mac-Mahon était dispersée et une grande partie de son aile droite brisée s'était enfuie vers Haguenau et Strasbourg, tandis que le reste de ses troupes s'était éparpillé sur les routes qui courent au sud à travers les Vosges. Le Maréchal semble avoir fait un effort pour atteindre le corps de de Failly et Bitsche, afin de rejoindre le gros de l'armée et il essaya de s'arrêter à Niederbronn ; mais ses troupes lâchèrent pied à la vue des Allemands, et il se replia en toute hâte sur Saverne où, ralliant ses débris du mieux possible, il marcha rapidement et en détresse vers l'ouest. Cependant les corps français qui restaient, s'efforçaient d'effectuer leur jonction en Lorraine, harcelés çà et là par l'ennemi et forcés de faire plus d'un faux mouvement à cause de la distance entre leur première ligne sur la Saar et leur seconde ligne à Metz. De Failly, qui avait toutes ses communications coupées à Bitsche était incapable de regagner le corps principal, et fut obligé de tâcher de se diriger vers le sud, espérant rejoindre Mac-Mahon, trop heureux s'il pouvait sauver le cinquième corps des dangers nombreux qui l'environnaient de toutes parts.

Frossard, après la déroute de Forbach, avait fui avec les débris de son corps du côté de Metz, abandonnant Saint-Avold et plusieurs bonnes positions. Ladmirault de même, qui bien que n'ayant pas encore été attaqué, était enveloppé dans le désastre commun, évacuait Thionville avec le quatrième corps et se mettait en retraite sur Metz, le long de la Moselle. Bazaine, pendant ce temps, avec le troisième corps, avait reçu l'ordre de marcher en avant de Metz, pour rallier les forces qui étaient devant lui et avait pris position sur la Nied, mouvement inévitable peut-être, mais qui évidemment jetait en avant d'une manière compromettante une grande partie de l'armée française et l'exposait à plus d'un danger. En même temps, tandis que la garde impériale restait dans son camp à l'entour de Metz, une partie du sixième corps de Canrobert se mettait en marche vers la grande forteresse, le reste continuant à tenir Nancy. Quant au septième corps, celui de Douay, il avait été laissé à la place qu'il occupait et, à l'exception de la division qui avait combattu à Woerth, il était encore éloigné du théâtre des opérations.

Telle était la position de l'armée française trois jours environ après Woerth et Forbach. Mac-Mahon, avec son aile droite brisée, vers laquelle inclinait maintenant de Failly, était entièrement coupé du corps principal. Sa gauche et son centre, à peine réunis, marchaient sur Metz xposés encore à être défaits en détail, et éten-, dus sur une ligne qui, en cas d'attaque, les exposait à un sérieux désastre. Cette force aussi, le principal espoir de la France, composée seulement de trois corps entiers, des restes du deuxième et d'une partie du sixième, comptant peut-être cent cinquante mille hommes et quatre à cinq cents canons, était manifestement bien inférieure aux masses immenses qui s'avançaient déjà victorieuses, en dedans de la frontière. Que serait-ce donc si, séparée de tout appui, elle devait être assaillie en Lorraine et défaite ou bloquée dans le cas où elle essaierait de résister au courant rapide de l'invasion allemande, tandis que les vainqueurs de Woerth attaqueraient et accableraient les corps dispersés et éloignés de Mac-Mahon ? Cette perspective paraissait déjà menaçante, car près de deux cent mille hommes des armées de Steinmetz et du prince Frédéric-Charles marchaient des bords de la Saar sur la Nied, pendant qu'à gauche le Prince Royal, en communication avec eux, traversait les passes des Vosges et les grandes routes qui conduisent à la Champagne.

Dans ces circonstances, nous ne pouvons nous

étonner que l'Empereur, ayant heureusement réussi à rallier une force respectable sur la Nied, se soit rabattu sans délai sur Metz, et ait placé sous la protection de la forteresse les débris de sa gauche et de son centre. Et bien lui aurait pris si, après l'avoir fait, il eût continué ce mouvement rétrograde. A l'heure de cette crise, la mobilité et la faiblesse qui avaient marqué, dès le début, la stratégie impériale, reparaissent avec une clarté évidente, et le danger, éloigné pour un moment, devait surgir de nouveau et devenir inévitable.

Toute l'armée française, à l'exception, bien entendu, des corps de Mac-Mahon, de de Failly et de Douay, était concentrée sous les canons de Metz, vers le 10 ou le 11 du mois d'août, et l'on ne peut douter qu'après avoir jeté dans la place une garnison suffisante, elle aurait dû, sans perdre un moment, se rabattre par Verdun sur Châlons, seule place où elle pouvait espérer effectuer sa jonction avec son aile droite brisée et où elle pouvait contribuer, si elle était bien conduite, à défendre les lignes de la Seine et de la Marne et renouveler les grandes scènes de 1814.

Au lieu de cela, trois jours précieux furent perdus. L'empereur resta indécis à Metz, occupé, dit-on, à passer des revues, à tenir des conseils de guerre et à forger des plans de campagne ; et ce n'est que dans la matinée du 14 que son armée reçut l'ordre d'accomplir un mouvement général pour traverser la Moselle. Est-ce Napoléon III ou le Maréchal Bazaine, qui venait d'être chargé, dit-on, du commandement en chef, qui est responsable de ce retard ? Nous n'en savons rien. Il suffit de dire qu'il était gros de ruine et de désolation pour la France. Tandis que les généraux impériaux s'arrêtaient inactifs, les lourdes masses allemandes s'étaient rapidement avancées, et tandis que le Prince Royal, à leur gauche, continuait sa marche, leur aile droite et leur centre se reformaient sur Metz et l'enveloppaient de forces irrésistibles.

Le 13, les colonnes de Steinmetz s'étaient avancées à l'extrémité nord de la forteresse ; une grande partie de la seconde armée se trouvait à quelques lieues vers l'est, tandis que le reste, sous les ordres du Prince Frédéric-Charles, avait traversé la Moselle à Pont-à-Mousson, et marchant vers le nord, se trouvait déjà en vosition de couper la retraite aux Français et même d'atteindre les flancs de l'armée française si elle cherchait à marcher par Verdun pour atteindre Châlons. Bien près de deux cent cinquante mille hommes avec environ huit cents canons avaient inondé le pays tout autour de la forteresse de la Lorraine, et les forces beaucoup plus faibles qui s'y étaient appuyées, étaient entourées de dangers de toutes parts.

Par ces opérations, toute l'armée française allait se trouver enfermée dans Metz et menacée dans sa retraite sur Châlons, ou si elle s'éloignait de Metz, elle devait être exposée avant peu à une attaque formidable en flanc, combinée probablement avec une attaque par derrière de la part d'un ennemi bien supérieur en nombre. Les étudiants militaires ne manqueront pas de comparer la faiblesse et l'irrésolution des généraux qui s'étaient placés dans cette position critique, avec la hardiesse et l'énergie des généraux allemands, dont les mouvements rapides et bien concertés avaient rendu le succès presque certain. Les conséquences, comme on pouvait s'y attendre, ne furent pas longues à se manifester.

Le 14 août, l'avant-garde des Français se mit en mouvement pour traverser la Moselle sur la route de Verdun ; il est évident que ses chefs ne se doutaient pas même qu'une force allemande était déjà en marche pour intercepter leur retraite. L'Empereur était avec le corps qui effectua en sûreté le passage de la Moselle, évacua Metz sans perte et fit halte à peu de distance probablement. L'Empereur lui-même, le lendemain, s'éloigna et gagna Châlons au plus vite, délaissant ainsi ostensiblement un commandement que, pour le salut de la France, il aurait mieux fait de ne jamais prendre.

La masse de l'armée française cependant n'atteignit pas la Moselle le 14. Trois de ses corps, ceux de Ladmirault, de Frossard, et le troisième commandé maintenant par le général Decaen, en remplacement de Bazaine, continuèrent à camper à l'est de Metz, et ils ne semblent pas avoir commencé leur marche avant l'après-midi. Ils furent assaillis à *Borny* par le septième corps de Steinmetz, et par un corps de la deuxième armée, les généraux allemands sentant bien l'importance, comme ils le disaient, de les clouer sur place jusqu'à ce que le mouvement de flanc, de l'autre côté du fleuve, se fût développé d'une manière suffisante.

Les Français, qui occupaient plusieurs petits villages et s'étaient retranchés eux-mêmes sur leur front, combattirent vaillamment et disputèrent le terrain avec fureur. Le feu du chassepot qui, dans les rencontres précédentes, avait été relativement désordonné et irrégulier, fut, comme on l'a remarqué, particulièrement mortel du fond des fossés où les tireurs étaient cachés par milliers.

Les Allemands cependant avançaient toujours, et la supériorité de leur feu peut se justifier par ce fait que, dans une des fosses dont ils s'emparèrent, ils ne trouvèrent pas moins de sept cent quatre-vingt un Français tués par le fusil à aiguille, en dépit de l'embuscade. Après une lutte sanglante de trois ou quatre heures, dans laquelle les assaillants souffrirent cruellement, s'étant laissé attirer sous les canons de Metz, et, frappés en flanc par une attaque bien dirigée, les Français se retirèrent vers le soir et cherchèrent un abri, dit-on, dans les glacis de la forteresse. Quoi qu'il en soit, l'objet principal de leurs adversaires avait été atteint. Le gros de l'armée française avait été retenu dans ses premières positions, et chaque heure allait amener maintenant des forces croissantes pour intercepter sa ligne de retraite.

Les opérations du jour suivant sont encore enveloppées d'une grande obscurité. Les généraux allemands hâtèrent la marche de leurs colonnes par la route de Verdun, et s'étendirent tout à l'entour de Metz. Mais il est évident d'après les dépêches du Roi, qu'un succès complet était considéré comme douteux, et que la sortie des Français n'était pas encore impossible. Cependant Bazaine qui désormais doit être regardé comme responsable de tout ce qui suivit, faisait défiler la masse de son armée à travers Metz, passait la Moselle, envoyait en avant une partie de ses bagages et des équipages militaires, et rejoignant son avant-garde, il avançait dans la soirée ses avant-postes jusqu'à Mars-la-Tour et Doncourt, sur les deux lignes qui conduisent à Verdun et à Étain, ses forces principales s'étendant en arrière du côté de Metz.

Il est difficile, dans l'état de nos connaissances, de censurer un général qui a donné des preuves de grande énergie et de fertilité de ressources, et qui prit le commandement dans ces circonstances critiques, pour ne pas s'être jeté plus résolûment en avant. Mais certainement, alors que le temps était tout pour les Français, et que Bazaine devait savoir ou soupçonner que les Allemands convergeaient en force vers lui et allaient couper sa seule ligne de retraite, une marche de trois à quatre lieues est bien au-dessous de ce qu'il aurait dû faire.

Là encore on aperçoit la trace du manque de décision et de rapidité qui caractérisèrent partout les mouvements de l'armée française. Il ne semble pas que le 15, Bazaine fut sérieusement harassé par l'ennemi.

La route de Verdun était encore ouverte, au moins pour une armée de la force de la sienne. Les généraux allemands craignaient, comme nous l'avons vu, qu'il n'eût le temps d'effectuer sa retraite, et il est peut-être possible que s'il eût marché avec plus de célérité dans cette journée décisive, et s'il eût massé étroitement ses divisions, il eût réussi à briser les toiles que ses vigilants adversaires tissaient tout à l'entour de lui. Il semble cependant qu'il ne comprit pas toute l'étendue du danger qui devenait imminent, car dans la nuit du 15 ou le lendemain matin, il envoya une dépêche portant qu'il serait, avec toute son armée, le 16, à Étain, c'est-à-dire au delà de l'atteinte de l'ennemi, et il se mit en mouvement peut-être avec une lenteur relative pour éviter l'apparence d'une retraite forcée, et empêcher la perte de trop nombreux traînards. Nous pouvons écarter les bruits malveillants qui supposent qu'il tarda seulement pour donner le temps à l'Empereur de se sauver à Châlons, ou qu'il ne put se résigner à battre en retraite le jour de l'anniversaire de la fête du premier Napoléon.

Le jour suivant il était trop tard, et les calculs habiles des généraux allemands se révélèrent alors avec une effroyable évidence. L'armée de Bazaine avait commencé sa marche sur les routes de Verdun et d'Étain, et ses colonnes s'étendaient en longues lignes, quand elles furent attaquées tout à coup sur la route de Verdun par la cavalerie du troisième corps prussien, faisant partie des forces du Prince Frédéric-Charles, qui était arrivé sur le flanc gauche des Français, venant de Pont-à-Mousson. Il est évident, d'après les dépêches allemandes, qu'un large corps d'infanterie aurait dû être en ligne ; mais les cavaliers, avec cette audace obstinée qui a signalé les opérations allemandes partout où il y avait un grand coup à frapper, tombèrent sur l'ennemi avec une valeur brillante et s'efforcèrent de l'arrêter jusqu'à l'arrivée de leurs renforts qui devaient rendre la partie plus égale. La colonne de tête des Français se trouva être une partie du corps battu de Frossard ; démoralisée par l'effet de sa dernière défaite et frappée de panique par la fureur du choc des Allemands, elle se débanda en essayant de se déployer et ne fit qu'une faible résistance.

La cavalerie la pressant vigoureusement en flanc, la jeta en peu de temps dans un désordre complet ; il se communiqua à la colonne suivante qui, pendant qu'elle arrivait pour renforcer la première, fut incapable aussi de dégager la route et se retira battue et désorganisée.

Pendant ce temps, l'infanterie du troisième corps avait atteint le théâtre du combat, et les assaillants s'acharnant sur l'ennemi qui s'avançait, continuèrent avec succès à leur barrer le passage et leur infligèrent des pertes considérables. Peu à peu, trois corps français, avec une partie de la garde impériale, se trouvèrent engagés sur la route de Verdun, et une partie du huitième et du neuvième corps, sous les ordres du prince Frédéric-Charles, étant arrivée, la bataille s'étendit sur toute la ligne, de *Mars-la-Tour* à *Rezonville.* Les Français, bien que très-supérieurs en nombre, combattirent avec un grand désavantage, l'attaque se maintenant toujours sur leur flanc. Mais il semble qu'ils auraient pu se frayer un chemin sans une magnifique charge de cavalerie exécutée par le dixième corps allemand, qui leur tint tête sur la route de Verdun et les repoussa après un combat acharné. Ce brillant exploit, digne de tous les hauts faits de Seidlitz, fut décisif. Toute la ligne française renonça à sa tentative de passage, et se rabattit sur Metz. Et quoique la charge eût coûté la vie à des centaines de braves soldats, la perte ne fut rien en comparaison du résultat.

En même temps, le reste de l'armée française était attaqué sur la route d'Étain par une partie du septième corps de Steinmetz, qui s'était avancé dans ce but, et après une série d'efforts sanglants, de ce côté aussi, la retraite devenait nécessaire ; il fallait abandonner Doncourt et se retirer par Gravelotte sur Metz. Tels furent les combats du 16, que le Maréchal Bazaine a revendiqués comme une victoire. Il est possible qu'il ait infligé plus de pertes aux Allemands qu'il n'en souffrit lui-même, bien que la prise de deux aigles, de sept canons et de deux mille prisonniers, ne présente pas assurément l'apparence d'un succès.

Mais, mesurées à leurs résultats stratégiques, les opérations de la journée furent désastreuses, et bien que le Maréchal ne pût saisir encore toute la vérité, il dut assister, le cœur gonflé, au mouvement de recul de son armée. La retraite des Français avait été paralysée. Ils avaient été repoussés de leurs premières positions, à Vionville et Doncourt, sur les routes de Verdun et d'Étain, et forcés de se rabattre sur Metz ; et les Allemands les pressant en flanc et de front, occupaient déjà les lignes principales qui pouvaient les conduire à Châlons.

Qu'était-ce donc si l'ennemi dont les forces réunies étaient si supérieures aux leurs, arrivait à s'établir solidement sur ces avenues, à leur opposer une barrière infranchissable, et les enfermant dans Metz, parvenait à leur couper toutes communications et à les tenir emprisonnés dans la forteresse?

Le Maréchal, cependant, comme un brave soldat, résolut de tirer le meilleur parti possible de la situation, et après avoir tout fait pour persuader à ses lieutenants qu'ils avaient été vainqueurs le 16, et que l'armée s'était seulement retirée pour se procurer des munitions, il s'efforça lui-même, avec une énergie calme, de tirer ses hommes de cette dangereuse position. Le 15, il avait pu se méprendre ; le 16, il n'avait pu se frayer un chemin, et il avait peut-être manqué de l'esprit de résolution que la circonstance réclamait d'un grand général ; maintenant que le péril devenait imminent, il s'efforçait courageusement de l'éloigner et de le combattre.

Il avait quatre corps et une partie d'un cinquième, à peu près cent trente mille hommes sous les armes, en défalquant les blessés et les malades, et son premier soin fut de choisir une forte position où il pût offrir une résistance acharnée, garder ses lignes de retraite, et d'où il pourrait, s'il était vainqueur, se dégager et assurer son mouvement projeté sur Châlons. Il trouva cette position dans la rangée de hauteurs, traversée par des ravines, avec des ruisseaux et un terrain très-difficile en front, une ceinture de bois à peu de distance, qui s'étend du village de Gravelotte au nord-est, à Privat-la-Montaigne, derrière la route qui court de Metz à la frontière. Le 17 août se passa pour Bazaine à établir ses troupes le long de cette ligne et à rassembler tous les moyens de défense capables d'en augmenter la force naturelle, et les dispositions du Maréchal témoignent assurément de la tactique habile pour laquelle il est renommé.

La gauche de l'armée française tenant Gravelotte, à la jonction des routes de Verdun et d'Étain, et de là se prolongeant par la grande route jusqu'à Metz, occupait une rangée de hauteurs avec un bois au-dessous, qui commandait toutes les approches environnantes ; protégée en front par des lignes de retranchements avec des puits de tirailleurs et une artillerie formidable, s'appuyant en outre sur le fort de Saint-Quentin, à l'arrière, elle pouvait être considérée à peu près comme inexpugnable.

Le centre français, bien que moins fort, avait aussi l'avantage d'un terrain en pente, avec de nombreux obstacles sur le devant; probablement aussi la position avait été solidement retranchée.

Bazaine plaça à peu près cent dix mille hommes le long de cette formidable ligne de défense, s'appuyant sur Gravelotte avec ses meilleurs troupes, et laissant environ vingt mille hommes de réserve, près de Metz.

Ces dispositions du général français, considérées simplement au point de vue défensif, sont marquées au coin de l'habileté et de la prudence, et sont peut-être les meilleures qu'il fût possible de prendre. Le résultat cependant devait attester la vérité de cette parole du premier Napoléon, qu'une position défensive est toujours défectueuse si elle n'offre pas des moyens d'offensive, puisqu'elle permet à l'ennemi de chercher à loisir les points faibles de l'armure. Les Français ne pouvaient que combattre passivement tout le long de leur ligne de front. Ils n'avaient aucun moyen d'attaquer à leur tour, et les rangées de bois très-éloignées qui s'étendaient devant une grande partie de leur centre et de leur droite, offraient à un ennemi audacieux un terrain avantageux pour tourner leur position à l'endroit le plus faible.

Tandis que Bazaine faisait ces préparatifs, les généraux allemands disposaient leurs forces pour une attaque, qui, si elle était hasardeuse, promettait, en cas de succès, d'immenses conséquences.

Le 17, la force entière qui occupait Pont-à-Mousson était venue en ligne, et en communication avec celle de Steinmetz, avait complétement intercepté la ligne de retraite des Français, et avait occupé les routes de Verdun et d'Étain, de Rezonville, au nord, jusqu'à Doncourt; elle était, en outre, soutenue par les autres corps qui avaient pris part aux opérations de Metz. Les généraux allemands avaient maintenant neuf corps et une partie d'un autre sous la main, et comme des renforts venaient de leur arriver, ils avaient probablement une force de deux cent quarante mille hommes pour opérer contre leurs adversaires.

Comme la gauche des Français, à Gravelotte, était prodigieusement forte, et qu'il était très-difficile de s'emparer de cette position, ils résolurent de faire mouvoir une grande partie de cette vaste armée le long du front de l'armée de Bazaine pour assaillir et tourner son aile droite, attaquant en même temps la gauche, espérant que, sous cette pression, toute la ligne française lâcherait pied, perdrait les routes de Verdun et d'Étain, et serait rejetée sous les canons de Metz pour s'y trouver isolée et complétement coupée. A cet effet, cinq corps devaient exécuter le grand mouvement tournant, tandis que trois autres occuperaient la gauche française, un corps seulement et une partie d'un autre étant gardés à l'est de Metz, pour surveiller les communications avec la frontière. La marche sur le front de Bazaine devait être moins dangereuse qu'elle ne semblait à raison des forces avec lesquelles elle devait être entreprise, et parce que les lignes successives de bois devaient couvrir les mouvements en grande partie, et empêcher une attaque sérieuse de la part des Français. Si elles étaient couronnées de succès, les opérations du jour devaient avoir des résultats splendides.

Les récits populaires de la bataille qui s'ensuivit sont défectueux, parce qu'ils nous donnent seulement le récit de ce qui se passa d'un seul côté, et le meilleur compte rendu qui ait encore paru des opérations dans leur ensemble, se trouve dans une lettre du roi de Prusse, publiée le 26 août. A la première heure, le 18, la garde Prussienne, le douzième et le neuvième corps secondés par le troisième et le dixième, sortirent de leur camp, et s'étant avancés vers Doncourt, sur la route d'Étain, commencèrent le grand mouvement pour tourner l'aile droite de la position française. La marche des colonnes fut entravée par les bois et des obstacles de toute sorte, et comme elles convergeaient sur les Français à une certaine distance, le Maréchal Bazaine dut regretter amèrement de n'avoir aucun moyen de tomber sur elles.

Pendant ce temps, le septième, le huitième et le deuxième corps allemands avaient continué de stationner à Rezonville attendant l'heure d'attaquer la gauche fortifiée des Français, quand la fumée des canons, à Privat-la-Montagne, montra que l'attaque, dirigée sur la droite, se développait. Il était à peu près midi, et peu à peu la droite française et le centre droit, d'Amanvilliers à Roncourt et à Jaumont, fut assaillie par un nombre considérable d'ennemis qui, sortant des bois, se pressant sur les hauteurs, s'efforçaient de s'emparer de la route de Sedan et de briser en flanc les lignes françaises. La résistance cependant fut fière et obstinée; chaque point de défense fut chaudement disputé, et ce ne fut que tard, dans l'après-midi, que Saint-Privat fut écrasé par la garde Prussienne et qu'une trouée fut faite dans les positions françaises.

Cependant les Allemands qui, depuis midi, avaient été engagés dans des escarmouches près de Gravelotte, s'étaient avancés en force contre la gauche des Français, et avaient dirigé contre elle une attaque terrible. Les abords du village furent bientôt enlevés, mais les pentes au delà devinrent le théâtre d'une des luttes les plus épouvantables et les plus meurtrières, rappelées dans les annales de la guerre.

Les Français, postés dans leurs retranchements ou couronnant les bois d'alentour, entretinrent de leurs embuscades, un feu épouvantable, tandis que leur artillerie balayant toutes les approches et maniée, dit-on, avec une grande précision, principalement celle de la garde impériale, abattait les assaillants littéralement par milliers. La mitrailleuse, à peine essayée jusque-là, se montra une arme de destruction terrible, et des batteries de ces engins qui avaient été placées de manière à se trouver hors de l'atteinte des bombes, firent un ravage effrayant dans les rangs.

En vain les Allemands, chargeant toujours, s'efforcèrent d'enlever les fatales hauteurs. En vain l'attaque de l'infanterie fut secondée par l'élan impétueux des masses de cavalerie. La bataille resta plusieurs heures indécise, tandis que la plaine au-dessous était remplie de morts et de mourants ; et ce ne fut qu'après qu'une attaque à gauche eut chassé les Français de leur première ligne de défense qu'ils purent être enfin entamés. Même alors la lutte continua avec furie et, bien que les canons allemands enfilassent une partie des positions ennemies, ils ne gagnèrent pas cependant un pouce de terrain, et la résistance fut aussi héroïque que l'attaque.

Mais, pendant ce temps, le grand mouvement tournant de la matinée avait produit son effet. La droite des Français avait été débordée, leur centre cédait peu à peu, et la ligne de feu qui s'éloignait graduellement de Verneville, Amanvilliers et Jaumont, avertissait les braves défenseurs de la gauche que l'heure de la retraite était venue. Ils se retirèrent à regret et combattant jusqu'à la fin. A la tombée de la nuit, les Allemands avaient conquis les pentes ensanglantées au-dessus de Gravelotte et toute l'armée française abandonnant la position, s'était retirée à l'abri de Metz.

Telle fut la bataille désespérée du 18 août

aussi noblement disputée que celle de Borodino. Les Français perdirent, dit-on, dix-neuf mille hommes, et le cri de douleur qui s'éleva du fond de l'Allemagne, attesta suffisamment les effroyables brèches qui avaient été faites dans son armée. Nous n'hésitons pas à croire qu'à *Gravelotte* les assaillants souffrirent dans la proportion de trois contre un, en comparaison des défenseurs, et il est probable que les Allemands s'affaiblirent de plus de vingt-cinq mille soldats.

C'en est assez pour attester l'énergie de la résistance française et la puissance de tacticien de Bazaine, qui, avec une armée inférieure en nombre et déjà ébranlée par de sérieux revers, parvint à infliger à ses adversaires des pertes terribles.

Les dispositions du Maréchal, cependant, furent, comme nous l'avons vu, entièrement défensives, et bien qu'il n'en pût être sans doute autrement, l'impuissance des Français à attaquer les Allemands, lorsqu'ils accomplissaient leur mouvement tournant, les exposa en définitive à une défaite.

Quant aux opérations allemandes, un chroniqueur impartial constatera que la longue marche pour tourner la droite française, bien que pleinement justifiée par le résultat, et grâce au caractère particulier du terrain, bien moins hasardeuse qu'elle aurait pu l'être, n'était pas cependant sans péril. L'expérience a montré ce que pouvaient faire, en de telles circonstances, de grands généraux qui se gardent les moyens d'attaque nécessaires pendant un mouvement de flanc. Dans l'élan sur la gauche des Français, à Gravelotte, il semble y avoir eu un sacrifice effroyable de troupes. Pendant quelques heures ce fut une boucherie inutile ; la cavalerie en particulier fut littéralement écharpée. Aussi, et malgré la valeur glorieuse des Allemands, on assure que Steinmetz qui avait le commandement ne fut pas félicité de ses manœuvres de la journée.

Embrassant cependant les opérations d'ensemble, il faut reconnaître que si Bazaine avait bravement combattu et si les pertes de l'ennemi étaient immenses, les généraux allemands avaient pleinement réussi dans leur grande, bien que quelque peu hasardeuse, stratégie. Les Français, repoussés complétement dans Metz, avaient leur ligne de retraite coupée. L'ennemi les entourait de tous côtés, et gardait leurs communications avec Châlons ; les routes de Verdun et d'Étain étaient perdues et une victoire décisive, sur un adversaire bien supérieur en nombre, pouvait seule maintenant les dégager. L'armée de Bazaine était complétement isolée et séparée des autres forces françaises. Emprisonnée dans la forteresse, elle n'avait pas d'autre perspective que de se frayer un chemin avec des risques terribles ou de se rendre, et bien lui aurait pris de ne pas appeler à son secours une armée qui en s'efforçant vainement de la secourir, devait être enveloppée dans sa défaite et dans sa ruine.

Des ravins et des collines ensanglantés tout à l'entour de Metz, descendons maintenant au sud et à l'est, et nous suivrons les mouvements du corps qui formait l'aile droite de l'armée française et des forces victorieuses du Prince Royal de Prusse.

Mac-Mahon, nous l'avons vu, après la défaite de Wœrth, avait rallié les débris de son armée à Saverne et avait marché en toute hâte vers l'ouest, abandonnant toute la ligne des Vosges, et la partie de son corps qui avait été coupée de sa droite, dans la direction d'Haguenau et de Strasbourg. Le Maréchal, suivant la grande route par Sarrebourg et Lunéville, atteignit Nancy, et là, le 12 août, effectua sa jonction avec la portion du sixième corps, qui y était demeurée, le reste ayant, comme on l'a dit, rejoint Bazaine à Metz. Avec ces forces réunies, il atteignit Châlons le 16; cette position bien connue comme le point d'intersection des routes qui descendent des Vosges, et qui couvre les approches de Paris, était évidemment celle où l'armée française tout entière, repoussée de la frontière, devait se concentrer. Il avait peut-être trente mille hommes; son armée personnelle, celle du premier corps, se trouvant à peu près réduite à quinze mille hommes. Ces troupes harassées, démoralisées, vaincues, privées de tout outillage de guerre, demandaient à être complétement réorganisées.

En peu de jours, le Maréchal reçut un renfort considérable, composé du douzième corps, sous 'e général Lebrun, qui avait été rassemblé à la 'hâte, et d'une quantité de soldats de marine et de mobiles; l'administration du comte Palikao qui avait remplacé celle de M. Ollivier, avait fait les plus grands efforts pour réparer les pertes causées par les désastres de Forbach et de Wœrth. Mais ces troupes étaient bien inférieures aux légions aguerries qui avaient combattu derrière les Vosges; elles étaient novices, indisciplinées, elles ne connaissaient pas leurs chefs, et bien des semaines étaient nécessaires pour les mettre en état de constituer une force militaire sérieuse.

Cependant le septième corps, celui du général Douay, le seul de la première ligne de l'armée française qui fût resté intact, s'était rabattu en toute hâte de Belfort à Châlons; et le cinquième corps était arrivé de Bitsche, après avoir échappé par une marche forcée, de Fénétrange et de Nancy, le long de la chaîne ouest des Vosges, aux armées ennemies qui se trouvaient des deux côtés. Il y a justice, pour un malheureux général qui a terni, dans cette campagne, la renommée qu'il avait justement acquise en 1859, à reconnaître que ce mouvement fut bien exécuté, et quoiqu'il soit probable que les fortifications de Bitsche, en arrêtant un détachement du Prince Royal de Prusse, contribuèrent au salut de de Failly, sa retraite semble avoir été rapide et bien combinée.

Vers le 20 août, le maréchal Mac-Mahon, qui avait été rejoint par l'Empereur, revenu de Metz, avait concentré dans le vaste camp de Châlons, cent trente à cent cinquante mille hommes avec, dit-on, plus de cinq cents canons. Mais cette force, quoique imposante en nombre, était composée d'éléments qui la rendaient peu efficace comme instrument de guerre.

Pendant que l'aile droite de l'armée française avait ainsi évité une entière destruction et se recrutait de tous côtés, séparée du centre et de la gauche restés à Metz, les forces triomphantes du Prince Royal la suivaient par les passes des Vosges. Après la bataille de Wœrth, la gauche des forces allemandes semble s'être divisée en trois corps, inégaux toutefois en force et en nombre, et isolée comme elle l'était jusqu'à un certain point par la barrière des Vosges, elle s'avançait lentement et avec précaution, malgré le succès qu'elle avait obtenu. Un détachement de cavalerie se mit en mouvement de Niederbronn à travers le passage de Bitsche, et plaça ainsi la droite du Prince Royal en communication avec la gauche du prince Frédéric-Charles. Mais la forteresse, toute vieille qu'elle fût, semble avoir coupé le chemin à une force supérieure, et cette circonstance, comme nous l'avons dit, contribua non-seulement très-probablement à faciliter la retraite de de Failly, mais arrêta la marche de l'armée entière du Prince Royal, en barrant le passage à quelques-unes de ses colonnes.

La gauche du Prince Royal en même temps s'était avancée d'Haguenau sur Strasbourg, et la division Badoise et une partie des Wurtembergeois furent détachées pour le siége de la grande forteresse qui, quoique occupée par une garnison insuffisante, et composée en grande partie des débris découragés de l'armée de Mac-Mahon, devait faire une défense brillante sous le commandement du vieux général Uhrich.

Le 10 août, le sixième corps allemand qui avait été à l'arrière, à la journée de Wœrth, prit la place des assiégeants de Strasbourg, qui furent mis en mouvement le long de la grande route qui conduit par l'ouest dans l'intérieur. Cependant le gros de l'armée du Prince Royal s'était frayé son chemin à travers les Vosges dans la même direction, et avait été fortement retardé par les forteresses sur les collines, qui lui créèrent de grandes difficultés. La Petite-Pierre fut forcée de se rendre ; mais Phalsbourg comme sa sœur de Bitsche au sud, défia hautement les sommations allemandes, et on jugea nécessaire de masquer ces petites places qui sont restées depuis isolées au milieu du flot envahisseur de l'invasion teutonique, et dont le rôle important, au point de vue de l'ennemi paralysé, sera apprécié par l'étudiant militaire.

Le 13 août arriva avant que les colonnes du Prince Royal eussent atteint la grande route de l'Ouest, au delà des Vosges, à Sarrebourg, et ce ne fut pas certainement avant le 1er septembre que l'infanterie, au moins en grande force, arriva à Nancy sur la Haute-Moselle, quoique la cavalerie légère, cette troupe formidable qui nous rappelle le rôle de la Prusse en Pologne, eût poussé rapidement en avant et se fût déjà répandue dans les plaines de la Champagne ; ce ne fut pas le souvenir des exploits des Français à Wœrth, quoi qu'en ait dit le maréchal Mac-Mahon à ses troupes, mais la résistance des forteresses des Vosges et à quelques égards la circonspection des chefs qui retarda la marche de l'armée allemande et assura à la France quelques jours de plus pour rassembler les nouvelles levées qui devaient lui permettre de reprendre la lutte.

Le 20 août, les colonnes du Prince Royal ne s'étaient pas avancées au delà de Nancy, quoique ses uhlans eussent atteint Saint-Dizier et Vitry. Ce retard fut amené par la nécessité de garder le troisième corps allemand en communication avec le premier et le deuxième engagés à Metz, et par la résolution qui avait été prise de détacher après la victoire du 18, un corps considérable pour renforcer le Prince Royal et couvrir son aile droite dans sa marche vers Châlons.

Le 21, Mac-Mahon qui jusque-là s'était efforcé de réorganiser ses troupes et qui venait d'être rejoint par de Failly, s'échappa tout à coup du camp de Châlons et se retira avec toutes ses forces sur Courcelles, à quelques lieues de Reims.

Comment ce mouvement fut-il résolu, c'est ce qu'on ne sait pas; mais il y a lieu de supposer que le Maréchal expérimenté, sentant la faiblesse de ses troupes, s'était décidé à éviter une rencontre avec l'armée plus nombreuse du Prince Royal, éloignée alors de trois ou quatre marches seulement, et projetait suivant la direction qu'indiquaient le sens commun et les règles de la stratégie de se retirer par Reims et Soissons sur quelque point du côté de Meaux, de manière à menacer de là le flanc de l'ennemi et ses communications dans son approche vers Paris.

A Courcelles, cependant, une résolution fut prise, qui, quel qu'en soit l'auteur, doit être assurément considérée comme l'une des plus extraordinaires et des plus malheureuses qui aient jamais été adoptées par un général imprudent : la vérité tout entière à cet égard n'est pas encore connue, mais on croit qu'un conseil de guerre fut tenu, et que Mac-Mahon entraîné par une impulsion chevaleresque hors de propos, à dégager un collègue, ou plus probablement encore informé en secret qu'une retraite sur Paris y jetterait l'alarme et serait fatale à l'Empire, se laissa persuader de prendre l'offensive, de faire un effort pour gagner Metz et d'y effectuer sa jonction avec Bazaine enfermé dans la place depuis le 18.

Mais par quel chemin et de quelle façon cette opération devait-elle s'accomplir ? On savait assurément dans le camp français que le Prince Royal marchait sur Châlons en trop grande force pour pouvoir être attaqué ; on savait probablement aussi qu'un corps nombreux descendait de Metz pour lui venir en aide, et on pouvait supposer que les autres armées allemandes étaient en possession des routes principales qui mènent par Étain et Verdun à Châlons. Il ne fallait pas songer dès lors à un mouvement par les routes directes, du côté de la forteresse de la Lorraine. Un semblable effort n'aurait abouti qu'à une bataille contre des forces très-supérieures, et le but était de rejoindre Bazaine et d'éviter un engagement avec l'ennemi.

Les généraux français avaient cru trouver un moyen d'atteindre ce résultat.

N'était-il pas possible de s'avancer au nord

sur la ligne ferrée de Reims à Rethel, et en se jetant rapidement à marche forcée à travers l'Argonne et la Meuse, d'atteindre Montmédy et Longuyon, et descendant de Thionville sur Metz, et peut-être prenant les forces combinées à revers, de dégager les défenseurs de la forteresse ? Ce plan sans doute n'était pas sans danger, car la marche par Rethel sur Montmédy et Thionville, devait s'effectuer à travers un pays difficile, dans lequel l'ennemi pouvait rejoindre l'armée et la prendre en flanc, et dans ce cas, une vigoureuse attaque pouvait non-seulement paralyser toute l'opération, mais exposer les Français à une véritable défaite.

Mais jusqu'à Rethel, le mouvement devait être nécessairement masqué ; il n'était pas probable que le Prince Royal fût en position d'y faire obstacle, et les divisions allemandes à sa droite devaient être impuissantes par elles-mêmes à l'arrêter ; une fois Thionville atteint, Bazaine coopérerait avec les forces nouvelles et engagerait les armées autour de Metz ; d'ailleurs était-il à supposer que le Prince Royal et le corps sur sa droite, en marche probablement vers Paris, se détourneraient tout à coup au nord pour attaquer Mac-Mahon ? S'ils le tentaient, pourraient-ils l'atteindre à temps, et n'était-il pas probable qu'ils s'avanceraient tout directement sur Châlons, s'y arrêteraient, hésiteraient et n'agiraient pas à temps pour prévenir le mouvement ?

A tout événement, s'il y avait quelque hasard à courir, le plan promettait des résultats extraordinaires, et si les deux armées françaises pouvaient se réunir à Metz, non-seulement Bazaine était dégagé, mais les armées allemandes devant Metz étaient en péril, et le Prince Royal engagé dans le cœur de la France, était exposé à un véritable désastre. Ce serait alors le tour des généraux allemands de se trouver isolés et coupés les uns des autres, et que n'était-il pas permis d'attendre des soldats de la France brûlant de venger leurs défaites inattendues ?

Telle était la combinaison arrêtée à Courcelles et les motifs sur lesquels elle s'appuyait ; il est peu équitable de juger les manœuvres stratégiques par leur résultat ; mais on peut, dans la circonstance actuelle, dire à coup sûr que jamais plan plus extravagant, plus déraisonnable, ne fut arrêté dans un conseil aulique. Il est tout à fait vrai qu'à ce moment le Prince Royal était éloigné de plusieurs lieues sur la route de Nancy à Châlons, et le résultat montra que si l'armée de Mac-Mahon avait seulement marché avec une vitesse moyenne, le Prince Royal, même en se dirigeant vers le nord, n'aurait pas réussi à atteindre les Français, au moins jusqu'à ce qu'ils eussent franchi la Meuse. Il est vrai aussi que le corps allemand détaché de Metz à la droite du Prince Royal, pouvait être impuissant, s'il était obligé de recevoir seul le choc de Mac-Mahon, à repousser les Français, et sans doute la présence de Bazaine à Metz, devait nécessairement retenir une très-grande partie de la première et de la deuxième armée allemande, et les empêcher de faire face à un autre ennemi ; on ne peut nier que si les choses eussent tourné ainsi, le plan français promettait beaucoup, qu'il pouvait, comme l'imaginaient quelques prôneurs peu réfléchis, être suivi de résultats aussi considérables que la marche du Douro sur Vittoria.

Mais en guerre, comme partout, il faut que les moyens soient proportionnés à la fin, et le ridicule dépassait de beaucoup le sublime dans le plan en question. Que le mouvement projeté ne fût pas deviné jusqu'à Rethel, que le Prince Royal fût incapable de l'arrêter avant le passage des défilés de l'Argonne et de la Meuse, que le corps à droite ne pût suffire à le contenir, et que le prince Frédéric-Charles et le général Steinmetz ne fussent pas assez forts pour se rabattre en force sur Mac-Mahon, soit ! l'opération n'en était pas moins injustifiable à tous les points de vue.

L'armée française en s'avançant de Rethel sur Metz, par Montmédy, s'étendait le long d'un arc dont la corde était occupée dans toute sa longueur par l'ennemi, et cela avec des forces supérieures, et si elle était une fois battue, elle devait être exposée au plus épouvantable désastre. Elle devait presque inévitablement être atteinte par le corps allemand à la droite du Prince Royal, en approchant de la région de l'Argonne et de la Meuse, car il n'était guère éloigné de cette ligne ; et s'il en était ainsi et que l'armée du Prince Royal eût le temps d'accourir, il fallait s'attendre encore à un revers terrible. Bien plus, si ces périls mêmes étaient évités, et si Mac-Mahon se frayait un chemin jusqu'à Montmédy, il n'y avait rien qui pût empêcher le Prince Royal de faire un circuit, et après avoir atteint Metz, d'effectuer sa jonction avec les autres armées allemandes et de battre l'ennemi quand il s'avancerait par Thionville.

En fait, la manœuvre projetée était une immense et très-dangereuse marche en flanc, effectuée par une armée mal montée et désorganisée, avec un adversaire formidable en possession de toutes les lignes intérieures et invincible si toutes ses forces se concentraient.

D'un autre côté, les circonstances locales rendaient non-seulement cette marche insensée, mais exposaient Mac-Mahon, s'il était battu, à une ruine complète ; il fallait franchir l'Argonne et la Meuse par des chemins détournés et un pays difficile, et la Meuse une fois passée, le Maréchal devait se trouver acculé à la frontière tout du long de la route de Montmédy à Thionville. Il s'engageait donc dans une entreprise dans laquelle il devait être surpris en flanc, écrasé par des forces supérieures et dans laquelle, une fois battu, il devait être très-probablement privé de toute chance de retraite et rejeté sur le territoire belge, où ses soldats seraient obligés de mettre bas les armes. Quant à l'idée que le Prince Royal continuerait sa marche sur Paris, et ne se retournerait pas en apprenant la direction nouvelle du Maréchal, elle est tellement puérile qu'on peut s'étonner qu'elle ait un seul instant été acceptée.

Voilà donc l'opération qui devait sauver la France, détruire les orgueilleux princes allemands et que les stratégistes des journaux de Paris comparaient à la marche à travers les Alpes, prélude de Marengo ! son auteur inconnu avait peut-être présent à l'esprit le célèbre mouvement de Napoléon Ier, en 1814, lorsque, laissant les alliés s'avancer sur Paris, il remonta vers les forteresses de la frontière pour en tirer leur garnison et renforcer son armée décimée.

Mais il y a toute la distance entre les deux com binaisons qu'il peut y avoir entre l'effort du génie jouant sa dernière partie et l'aveuglement de la présomption ignorante ; Napoléon, en se retirant sur Saint-Dizier, n'était pas assez fort pour couvrir Paris, privé alors, il faut se le rappeler, de toutes fortifications. Il avait raison de croire d'ailleurs que le timide Schwartzemberg s'arrêterait à la nouvelle que le redoutable Empereur pouvait menacer ses derrières. Par-dessus tout il ne courait pas le risque d'être détruit dans sa marche sur la Lorraine, et une fois à Metz, il était assuré de se voir rejoint par une force considérable qui, après la gloire de Montmirail, pouvait au moins lui permettre de prolonger une lutte indécise. Son mouvement en conséquence répondait aux nécessités de la situation. Au point de vue politique il présentait quelque perspective de succès. Il ne mettait pas son armée en danger, et si les alliés eussent été moins forts, ou si Paris eût tenu une seule semaine, de graves conséquences pouvaient s'ensuivre.

Mais Mac-Mahon avait plus de ressources qu'i n'en fallait pour défendre Paris aujourd'hui bien fortifié. Son armée était tout à fait en situation de remplir ce rôle. Lui ou ses conseillers devaient bien penser que le Prince Royal se mettrait à sa poursuite dès qu'il se dirigerait au nord; surtout, et c'est là le point décisif, que sa marche sur Metz le long de la frontière belge, l'exposerait inévitablement au plus grave danger et le conduirait très-probablement à une catastrophe. Rien ne lui imposait une pareille entreprise; elle ne devait donc pas être tentée. Elle présentait à peine une chance de succès, et elle pouvait déchaîner sur la France les plus effroyables calamités.

Nous ne pouvons croire qu'un général expérimenté et d'une habileté reconnue soit l'auteur de ce plan insensé ; nous préférons supposer que Mac-Mahon n'a fait que céder à la pression exercée sur lui dans l'intérêt de la dynastie impériale et sous le coup des circonstances politiques. Il n'échappe pas ainsi assurément à la responsabilité d'une marche si fatale. Dans sa situation, il aurait dû refuser de conduire ses troupes au-devant d'un péril tellement évident, et si son discernement militaire n'a pas failli, c'est le courage moral qui lui a manqué. Y a-t-il quelqu'un qui puisse supposer qu'en semblables circonstances le duc de Wellington eût jamais consenti, sur les instances de qui que ce fût au monde, à engager une armée anglaise dans une aventure aussi désespérée?

Le 22 août, l'armée de Mac-Mahon commença à marcher définitivement dans la direction du nord. L'aspect des troupes et leur lenteur à se mouvoir auraient dû avertir un général prudent qu'elles n'étaient pas en état d'entreprendre une entreprise périlleuse qui requérait surtout pour réussir une grande célérité. L'artillerie était mal attelée et mal montée ; les trains étaient insuffisants et en désordre ; la cavalerie peu nombreuse et de qualité inférieure ; l'infanterie, composée d'un ramassis de tous les régiments, de levées inexpérimentées, de soldats découragés, manquait tout à fait de solidité ; l'Empereur était là, à côté de son armée, destitué d'un commandement qu'il avait été obligé d'abandonner ; bien différent du terrible chef de sa race, l'âme inspirée de ses bataillons armés, il embarrassait tout au contraire de la pompe fastueuse de sa grandeur, et avec lui il traînait l'impérial enfant enlevé à son palais pour contempler l'éclat d'une guerre triomphale, et attristé déjà du spectacle de tant de revers.

Ce n'est que dans l'après-midi du 23 que ces masses confuses traversèrent Reims, et on dit que Mac-Mahon, inquiet déjà et sachant bien que tout dépendait de sa célérité, s'adressait à quelques colonnes en marche, et leur rappelait que les soldats français avaient fait un jour dix lieues sous le soleil d'Afrique ; la différence était grande cependant entre les excursions de quelques régiments de troupes légères et le mouvement d'une armée novice et pesante, et quoique le Maréchal, sans doute, ait fait tous ses efforts pour pousser ses hommes en avant, il lui fallut deux jours pour atteindre Rethel à une distance de sept lieues seulement !

A ce point où la direction du mouvement devait nécessairement se révéler, Mac-Mahon fit évidemment tout pour marcher le plus rapidement possible, et ce n'est que justice pour un général courageux, quoique imprudent, de lui reconnaître au moins le mérite de l'intention ; il partagea son armée en trois corps, et ayant dirigé vingt mille hommes par le chemin de fer de Rethel à Mézières, où ils avaient pour objet de rejoindre un corps auxiliaire venant de Paris, avec le général Vinoy, et qui devait se rattacher à son arrière-garde après le passage de la Meuse, il s'avança en deux grandes colonnes par les routes parallèles qui, au nord, par Sedan et Mouzon, et au sud, par Vouziers et Buzancy conduisent, à travers l'Argonne, à Montmédy.

Il n'y a rien à reprendre dans ces dispositions, la fatale entreprise une fois commencée, et nous pouvons bien imaginer que le Maréchal accéléra son mouvement autant que possible. Mais son armée n'était pas faite pour les marches forcées : elle avait déjà donné des preuves d'indiscipline et même de rébellion. Elle était particulièrement faible du côté de la cavalerie, et elle se mouvait, dans ce moment critique, avec le désordre inhérent à sa mauvaise organisation. Encombrée de traînards, privée de pionniers et retardée par des obstacles de toute sorte, elle faisait à peine plus de trois lieues par jour, et le 27 août arriva avant que son aile droite, encore loin de la Meuse, eût traversé Vouziers.

Pendant que ces opérations, pleines de dangers, étaient dirigées par les généraux français, et que l'armée de Mac-Mahon essayait la tentative désespérée de dégager Metz, les chefs allemands n'avaient pas perdu de temps et s'étaient préparés pour toutes les éventualités.

Deux jours après la bataille du 18, de grandes forces de la landwehr avaient atteint Metz afin de remplir les vides des derniers engagements, et une partie considérable de troupes régulières s'était ainsi trouvée libre pour de nouvelles opérations ; une nouvelle armée était placée sous les ordres du Prince Royal de Saxe, et elle quittait Metz vers le 19 août, en vue de coopérer avec le Prince Royal de Prusse, et de rejoindre son aile droite dans sa marche sur Châlons. Cette armée était composée de la garde Prussienne, du douzième corps Saxon et du quatrième corps Allemand qui n'avait pas pris part aux batailles de Metz ; c'étaient environ soixante-dix ou quatre-vingt mille hommes des meilleures troupes, et ils s'étaient avancés au delà de Verdun sur la Meuse, en vue d'atteindre Châlons par la ligne de Clermont et de Sainte-Menehould.

Cependant le Roi, avec quelques divisions, s'était mis en marche pour rejoindre son fils par Pont-à-Mousson et Commercy, en vue d'attaquer Mac-Mahon avec les armées réunies, s'il s'arrêtait à Châlons, et, après l'avoir battu, de pousser sur Paris. Le 25 août, le Roi et le Prince Royal avaient fixé leur quartier général à Bar-le-Duc, à une grande distance encore de Châlons, la masse de la troisième armée Prussienne se trouvant autour de Bar-le-Duc et en arrière à Ligny, et la cavalerie occupant toute la région environnante, et ayant même dépassé Châlons. Les généraux allemands étaient pleinement convaincus que Mac-Mahon les attendait près du grand camp ou comptait se rabattre sur Paris, lorsque la nouvelle arriva qu'il s'était retourné vers Reims, et marchait dans la direction du nord ; pendant quelques heures, on semble s'être refusé à accepter une nouvelle presque incroyable en effet ; mais dès qu'elle fut confirmée, l'homme éminent, dont le souffle a inspiré toute la campagne, devina bien vite l'intention du Maréchal.

Nous ne croyons pas à cette fable que de Moltke ait eu une demi-heure d'anxiété, en suivant sur la carte la marche des Français, car il était dans une position qui lui permettait de frapper sur l'ennemi un coup terrible. L'armée du Prince Royal de Saxe, du côté de la Meuse, était assurée de couper la route à Mac-Mahon, et si le Prince Royal de Prusse avait le temps d'envelopper l'ennemi par le flanc, que deviendrait le malheureux Maréchal acculé à la frontière par des forces écrasantes?

Le parti fut bientôt pris, avec cette clairvoyance qui a caractérisé toute la stratégie allemande; l'ordre fut donné au gros des forces allemandes d'exécuter un grand mouvement vers le nord, et le 26 août, le Prince Royal de Saxe s'avançait vers la Meuse par Stenay, pendant que son collègue, à marches forcées, remontait par Clermont, Grand-Pré et probablement Suippe, pour atteindre le flanc ou l'arrière des colonnes de Mac-Mahon qui s'efforçaient de se frayer un chemin à l'est. Le mouvement de la troisième armée allemande fut conduit avec une diligence remarquable, et il était évident que, si Mac-Mahon était battu, il devait être exposé à un effroyable désastre, car les deux armées allemandes réunies comptaient près de deux cent quarante mille hommes dans les meilleures conditions militaires, contre cent trente mille environ inférieurs sous tous les rapports; nous allons voir les incidents de cette lutte gigantesque entre les deux armées et son extraordinaire résultat.

Laissant les Allemands en marche vers le nord, nous revenons aux mouvements de Mac-Mahon. La droite du Maréchal, comme nous l'avons vu, avait seulement traversé Vouziers le 27 août, et sa gauche, probablement le même jour, avait à peine atteint le Chêne-Populeux. Pendant ce temps-là, suivant des calculs raisonnables, le Maréchal aurait dû avoir déjà gagné la Meuse et s'il en eût été ainsi, un coup d'œil sur la carte montrera que, placé entre Rethel et le fleuve, il aurait échappé à la troisième armée Allemande, à ce moment à deux journées de marche encore au sud.

Comme nous l'avons montré, toutefois, cette considération n'excuse en aucune façon la stratégie des Français : car, avant que Mac-Mahon pût avoir atteint Metz par Montmédy et Thionville, il était inévitable qu'il fût rejoint par le Prince Royal de Saxe ou même par le Prince Royal de Prusse, et placé dans une position très-critique. Dans l'état actuel des choses, le Maréchal était encore à huit lieues environ de la Meuse, ayant devant lui un pays difficile d'accès, et comme il était en retard, et qu'il fallait s'attendre à ce que les armées allemandes missent tout en œuvre pour le prendre en flanc, il n'aurait dû rien épargner pour avancer promptement.

Cependant, entre le 27 et le 29 au matin, la colonne droite de l'armée française avait seulement ses avant-postes à Buzancy, pendant que la gauche, quoique ses avant-postes touchassent Stenay, était seulement à Stonne et à Beaumont, le gros des colonnes s'étendant bien en arrière ; c'est-à-dire qu'elles étaient à une marche encore de la Meuse, lorsqu'elles auraient dû la passer trois jours auparavant, et que les divisions de l'arrière-garde étaient plus éloignées encore. Ce retard n'a pas été expliqué jusqu'ici. Nous l'attribuons seulement à l'état des troupes et à l'inintelligence des chefs de corps dont on dit de tristes choses, et non à l'incurie de Mac-Mahon, car ses dispositions en quittant Rethel, montrent qu'il entendait se déplacer rapidement. Quoi qu'il en soit, le temps approchait où les erreurs de la combinaison française, empirées encore par cette déplorable lenteur, allaient devenir frappantes et saisissantes pour tous.

Les armées allemandes, du 26 au 29, avaient fait des efforts extraordinaires pour tomber sur Mac-Mahon, au passage de la Meuse, et leur succès était déjà assuré. Les forces du Prince Royal de Saxe, s'avançant probablement en deux colonnes, avaient atteint la Meuse à Dun le 28, et étaient ainsi en situation d'arrêter et de retarder l'avant-garde de l'armée française, si elle tentait de traverser la rivière. Cependant l'armée du Prince Royal de Prusse, se hâtant au centre par Varennes et Grand-Pré, et à gauche par Senne et peut-être Suippe, était arrivée sur la ligne de marche de la colonne droite du Maréchal de France, et dans la soirée du 28, nous le croyons, l'avait occupée aux abords de Vouziers. Un pas de plus, et cette immense armée allait tomber sur les positions des malheureux Français qui, ainsi, en face de la Meuse, pris et assaillis en flanc et à l'arrière, allaient être écrasés par des forces supérieures et enveloppés dans un terrible désastre.

Les opérations du 29 et du 30, quoique grosses des destinées de la France et de l'Empire, sont encore imparfaitement connues, et nous ne pouvons les décrire que d'une manière générale. Mac-Mahon, averti par des engagements d'avant-postes à Buzancy et en arrière à Attigny, et par un combat plus sérieux à Nouart, de la présence des Allemands en force, semble avoir essayé de rejeter sa droite sur sa gauche, afin de masser toute son armée et évitant l'ennemi, de traverser la Meuse et de se frayer un chemin vers Carignan, dans l'espoir de pouvoir encore atteindre Montmédy. Cette opération prit plusieurs heures, mais elle fut exécutée sans grandes pertes, et l'après-midi du 29 août, l'armée de Mac-Mahon était à peu près concentrée au delà de Stonne, près de la Meuse; l'extrême arrière-garde touchait encore le Chêne; tout un corps était resté à Beaumont pour retenir plus bas les Allemands, et un petit corps de cavalerie atteignait Stenay, dans le but probablement d'observer l'ennemi.

Mais en même temps, toute la ligne allemande s'était avancée également; l'armée du Prince

Royal de Saxe avait garni les deux rives de la Meuse à Stenay et occupé tous les abords, pendant que celle de son collègue s'était avancée au delà de Grand-Pré et de Vouziers à l'est, et se massait sur le flanc et à l'arrière des Français. Le filet s'étendait autour du Maréchal, en se resserrant aux abords de la Meuse, et les mouvements des Allemands avaient été si bien combinés qu'un de leurs généraux avait pu indiquer quelques jours auparavant, les positions mêmes dans lesquelles l'armée française devait se trouver finalement acculée.

Cependant Mac-Mahon, à ce qu'on dit, n'était pas encore alarmé, et le bruit court que le matin du 30, l'Empereur envoya une dépêche à Paris annonçant le passage de la Meuse et « qu'on pouvait compter sur une brillante victoire. » L'armée française commençait alors à franchir le fleuve, et deux de ses corps ayant effectué le passage, marchaient dans la direction de Carignan, l'étape dernière sur Montmédy. Dans l'intervalle, cependant, un corps de Bavarois de la troisième armée allemande était arrivé à Beaumont, avait surpris le corps français qui s'y trouvait et l'avait mis en déroute après une courte résistance ; et en peu de temps, toutes les forces françaises restées du côté gauche de la Meuse se trouvaient rejetées précipitamment sur le fleuve.

Mac-Mahon, qui s'était rabattu en arrière de Stonne, tenta un mouvement vigoureux et s'efforça, pour un temps, de retarder l'ennemi, laissant voir, dans la manière dont il réussit à masquer son mouvement de retraite, un éclair de son habileté bien connue de tacticien ; avant peu, cependant, un autre corps de la troisième armée allemande était venu en ligne. La principale partie des forces du Prince Royal de Saxe s'avança pour le rejoindre près de Stenay, et lorsque les Français arrivèrent sur la Meuse, ils furent assaillis d'une manière terrible à Mouzon et mis en déroute avec une perte effroyable. En même temps, le reste de l'armée du Prince Royal de Saxe s'était mis en mouvement de Stenay, au delà de la Meuse, vers Carignan, et menaçant les corps français qui avaient déjà passé de l'autre côté, les rejeta en arrière dans une retraite précipitée.

En opérant ainsi, l'armée française avait fini

par effectuer le passage de la Meuse, quoiqu'elle eût considérablement souffert, mais elle était dans une situation presque désespérée. Son mouvement sur Montmédy était coupé. Elle était menacée d'un grand désastre, et d'une destruction complète si elle tentait de combattre; ou bien elle allait se trouver acculée à la frontière, si les grandes armées allemandes, se concentrant, l'attaquaient dans toutes ses positions. Le rêve d'atteindre Metz par Montmédy, c'est-à-dire en traversant un arc de cercle dont un ennemi deux fois plus fort occupait toute la corde, s'était dissipé comme une immense illusion, et une erreur stratégique de la nature la plus grave, allait être suivie de ses conséquences naturelles.

Sans doute la lenteur de la marche de Mac-Mahon sur la Meuse, qui avait permis à la troisième armée allemande de le rejoindre en flanc et à l'arrière, sans doute la surprise du corps de Beaumont commandé par le malheureux de Failly, qui précipita la retraite sur Mouzon, et la convertit en une véritable déroute, accélérèrent et aggravèrent la catastrophe. On ne peut nier non plus que les généraux Allemands tirèrent des chances qui leur étaient données, le meilleur parti possible. Mais tout cela, en définitive, n'était qu'accidentel, et le plan français était si profondément défectueux en lui-même, que comme nous y avons insisté, l'armée de Mac-Mahon devait presque inévitablement et en tous cas, être battue, et placée dans la position la plus critique avant d'avoir pu se frayer un chemin vers Metz.

Les mouvements qui suivent, pour le 30 août, peuvent être indiqués en quelques mots. Le corps français qui avait été battu à Mouzon se rabattit le long de la rive droite de la Meuse, dans un état véritable de panique et de démoralisation, jetant ses armes et effets d'équipement dans le fleuve et ne s'arrêta qu'après avoir passé la Chiers, rivière étroite et profonde qui, coulant au nord-ouest, tombe dans la Meuse près de Remilly, au nord de Sedan.

En même temps, l'autre corps français qui avait traversé la Meuse un peu plus tôt, et avait battu en retraite devant le Prince Royal de Saxe, se retirait de Carignan, derrière la Chiers, effectuant sa jonction avec les troupes battues entre Remilly et Douzy.

L'armée de Mac-Mahon était ainsi rassemblée derrière la Chiers à la tombée de la nuit, le 30, mais découragée, humiliée et vaincue · on peut juger de la conduite de quelques-uns de ses officiers, d'après le bruit que l'état-major d'un des principaux corps, figura à un bal à Douzy, ce soir-là même, dansant véritablement sur un volcan.

Cependant toute l'armée du Prince Royal de Saxe s'avançait de Carignan vers la Chiers, pendant que le gros des forces du Prince Royal de Prusse, se concentrant rapidement, poussait vers Remilly et la contrée adjacente.

Telles étaient les positions des armées ennemies le matin du 31 août ; une chance seulement, si légère qu'elle était presque sans espoir, et qu'il faut noter simplement pour les élèves de l'art militaire, restait peut-être au Maréchal de France, s'il eût été le général d'Arcole ou de Rivoli. Son armée était concentrée derrière la Chiers ; le Prince Royal de Saxe était seul devant lui, et le Prince Royal de Prusse était sur la rive gauche de la Meuse, à quelque distance, le fleuve entre eux deux. Mac-Mahon, qui avait probablement avec lui cent dix mille hommes, ne pouvait-il pas se dégager et tomber sur le Prince Royal de Saxe qui n'en avait pas plus de soixante-dix à quatre-vingt mille, s'efforcer de l'écraser, et libre, avant que le Prince de Prusse eût pu traverser la Meuse, accabler ensuite celui-ci par la supériorité du nombre ? Sans doute, un effort de cette nature aurait requis des troupes de qualité supérieure, alors que les Français étaient découragés par la défaite ; sans doute aussi, selon toute probabilité, Mac-Mahon aurait fini par être détruit, car le Prince de Prusse serait bien parvenu à franchir la Meuse et l'aurait rejeté sur la frontière belge ; mais en songeant à la catastrophe finale, il faut reconnaître que le Maréchal aurait peut-être consulté les véritables intérêts de la France, s'il eût tenté un coup pareil.

Le Maréchal cependant résolut de garder tout simplement une position défensive, et s'il se trompa, nous ne devons pas oublier que nous raisonnons aujourd'hui après l'événement, et que, très-probablement, il savait que son armée n'était pas à la hauteur d'un grand mouvement offensif. La position qu'il prit, quoique essentiellement défectueuse, et moins bien occupée qu'elle aurait pu l'être, était cependant forte dans ses traits essentiels, et, avec sa situation compromise, la meilleure qu'il pût choisir.

Derrière la Chiers, et dans l'angle formé par cette rivière et le cours de la Meuse, une série de hauteurs, coupées par des ravins et traversées par des collines et des terrains inextricables, s'étendent de Givonne, sur la frontière belge, à la vieille ville de Sedan, sur la Meuse ; et avec les villages de Balan et de Bazeilles en face, sur la grande route de Sedan à Carignan, forment avec la Chiers, qui leur sert de fossé, une succession de lignes formidables de défense par rapport à l'ennemi qui s'avance contre elles. Givonne, au milieu d'une masse de forêts qui descendent tout à l'entour jusqu'en Belgique, présente une bonne position à l'aile d'une armée qui ne pourrait pas aisément y être tournée, et Sedan, d'un autre côté, offre des avantages à plusieurs égards, comme point défensif pour une autre aile.

La ville est sur la rive gauche de la Meuse, avec un petit faubourg rejeté sur l'autre rive , et le fleuve, dans son passage, forme un large détour, qui, coulant au nord-ouest et revenant vers le sud, oppose en quelque sorte une double barrière à l'aggression d'un ennemi de ce côté. Au delà de Sedan, et vers ce circuit, les éminences de Floing et de la Garenne, couronnées de bois et de villages, commandent le fleuve, et si elles étaient attaquées elles pourraient être vigoureusement défendues contre une attaque sur le derrière de la ville.

En laissant de côté quelques escarmouches sans importance, le 31 août fut employé par Mac-Mahon à établir son armée dans ses positions. Il n'avait probablement pas plus de cent dix mille hommes, si l'on tient compte des pertes du jour précédent, — les vingt mille hommes détachés de Mézières ne semblent pas l'avoir rejoint,—et environ quatre cent quarante canons ; il dut enfin comprendre l'étendue de son péril. Le Prince Royal de Saxe était en face de lui, derrière la Chiers, avec toute son armée, et, à sa droite, sur l'autre rive de la Meuse, s'étendaient les masses nombreuses du Prince Royal de Prusse.

Le Maréchal évidemment fit ses préparatifs dans la supposition qu'il serait attaqué en front et aussi sur son flanc droit, quoiqu'il soit suffisamment clair qu'il ne prévoyait pas comment le Prince Royal de Prusse devait opérer contre lui. Il forma son armée en un large angle saillant, s'étendant de Givonne au sud-est jusqu'à Bazeilles et Balan à son sommet, et de là descendant à Sedan, du côté du circuit de la Meuse, et tout près d'une colline qui domine Floing. Sa gauche s'appuyait sur Givonne et la forêt avoisinante, et était composée de ses troupes les plus faibles, dans la pensée qu'elle ne pourrait pas être tournée, par suite des obstacles du passage et de l'étroit voisinage d'une frontière neutre.

La ligne française s'étendait de là, tout le long des hauteurs qui enveloppent Sedan, le centre droit occupant Bazeilles et Balan; et Mac-Mahon maintint en forces considérables ses meilleures divisions dans ces positions dominantes, afin de conserver libre la grande route de Carignan et de renforcer son front en avant. Il avait défendu de son mieux ses positions de Givonne à Sedan ; des canons, avec des masses d'infanterie couronnaient les éminences, et commandaient les vallées intermédiaires toutes boisées, et sur quelques points des retranchements étaient disposés pour arrêter l'attaque attendue de l'ennemi.

La droite des Français, s'étendant derrière Sedan, était protégée en partie par le cours de la Meuse, en partie par la ceinture de la ville à l'ouest, et en partie par une inondation artificielle du fleuve, qui avait été organisée à la hâte. Au delà de Sedan les plateaux et les pentes de Floing et de la Garenne, du côté de la ville, étaient occupés par de larges corps de troupes, quoique le Maréchal semble avoir pensé qu'une attaque sérieuse sur ce point fût tout à fait improbable.

La Chiers, de Douzy à Remilly, coulait directement devant le front français, et opposait une barrière au Prince Royal de Saxe ; dans cette position, couverte par deux cours d'eau et derrière des obstacles de toute nature, Mac-Mahon se tint prêt à recevoir l'armée allemande, et le malheureux Empereur, dit-on, attendait encore l'issue, plein d'espoir.

Cette position des Français, quoique forte sur quelques points et formidable par ses défenses naturelles, avait néanmoins tous les défauts inhérents à une formation d'angle saillant. Le front de projection sur Bazeilles et Balan était exposé à un feu croisé. Une fois écrasé, la défaite s'ensuivait, et pendant que les ailes devaient être embarrassées dans leur mouvement, si l'une d'elles était tournée, toutes deux étaient en péril, et la masse entière se trouvait obligée de reculer, enveloppée dans une terrible confusion.

Sedan aussi où, dans ce cas, l'armée était obligée nécessairement de se précipiter pour chercher un abri, était livrée au feu de l'artillerie des hauteurs et de la vallée de la Meuse, et si les pentes derrière la ville étaient occupées, elle devait être littéralement broyée par l'artillerie. Qu'était-ce donc si le Prince Royal de Prusse parvenait à atteindre les lignes du côté du circuit de la Meuse pendant que le front de Mac-Mahon serait forcé par le Prince Royal de Saxe à travers la

Chiers? L'ennemi ne se trouverait-il pas livré à un effroyable massacre sans espoir de fuite et exposé à une complète destruction?

Les généraux allemands ne furent pas lents à saisir tous les avantages qui étaient à leur disposition, et le 31 août, ils formaient le plan d'envelopper complétement l'armée française, de l'enfermer dans Sedan et de lui couper la seule issue qu'elle pût tenter dans un accès de désespoir, celle d'une retraite à travers la frontière belge. Ils avaient près de deux cent quarante mille hommes avec six à sept cents canons et, avec cette immense supériorité de force et l'ascendant de leurs succès ininterrompus, ils se décidèrent à des opérations qui, contre un ennemi plus fort et plus confiant, n'auraient pas été sans danger.

Le Prince Royal de Saxe devait attaquer et tourner l'extrême gauche des Français tout en assaillant leur front, et la gauche tournée et le front ébranlé, il devait envoyer des troupes par la droite, sur leurs derrières, qui, rencontrant un détachement du troisième corps de l'armée allemande, envelopperaient entièrement l'ennemi. Le Prince Royal de Prusse, cependant, était chargé d'attaquer la droite de Mac-Mahon aux points saillants de Bazeilles et de Balan, effectuant sa jonction avec son collègue. I ldevait aussi accabler l'aile droite française quand elle se trouverait rejetée derrière Sedan, et, au nord, ses troupes devaient rencontrer celles du Prince Royal de Saxe, et en complétant le cercle, enfermer complétement les Français.

Le 31 fut consacré aux mouvements requis par cette grande opération ; le prince royal de Saxe plaça ses trois corps non loin de la Chiers et le long de son cours. Le Prince Royal de Prusse mit en mouvement ses Bavarois au delà de Remilly, pour traverser la Meuse et attaquer Bazeilles et Balan, et, pendant qu'il se préparait à franchir le fleuve par le circuit en arrière de Sedan, il maintint des forces importantes sur la rive gauche et envoya plus bas quelques divisions pour coopérer au grand mouvement tournant à accomplir de l'autre côté. Cent soixante-dix mille hommes avec près de six cents canons allaient être engagés dans la mêlée de la bataille. Le reste était destiné à cerner les Français ou était massé à titre de réserve sur différents points.

Tel était le plan des généraux allemands, e quand on songe à la force de l'ennemi et aux grands résultats qu'il promettait, on peut le regarder comme un des plus hardis et des plus admirables qui aient jamais été conçus; quoiqu'il pût offrir quelques côtés faibles, il était assurément moins hasardeux que celui qui avait enfermé Bazaine dans Metz, et s'il réussissait, il anéantissait toute l'armée de Mac-Mahon.

La nuit du 31 fut claire, et l'horizon apparaissait comme une large voûte rougeâtre, car des deux côtés de la Meuse, d'innombrables feux marquaient les bivouacs des armées, attendant le combat du lendemain. La matinée cependant fut brumeuse, et c'est à la faveur du brouillard, que les gardes avancées du Prince Royal de Saxe traversèrent la Chiers, pendant que les Bavarois, qui avaient déjà franchi la Meuse, vinrent en ligne avec son aile gauche, et se préparèrent à attaquer Bazeilles.

Avec la négligence qui, durant toute la cam pagne, a si souvent compromis l'état-majoı français, les ponts sur la Chiers n'avaient pas été rompus, et la première ligne de défense de Mac-Mahon fut emportée sans la moindre perte, les avant-postes de cavalerie française se dispersant de tous côtés, sans tentative de résistance.

Les colonnes du Prince Royal de Saxe furent alors dirigées sur Givonne pour tourner la gauche des Français et vers les hauteurs qui protégeaient leur centre gauche, pendant que les Bavarois s'avançaient pour écraser Bazeilles et forcer leur front vers Sedan. A la vue des Allemands, les mauvaises troupes qui gardaient le point important de Givonne, commencèrent à fléchir et à lâcher pied, et après un combat court mais décisif, l'aile gauche française fut tournée et rompue, des bandes de fuyards se précipitant vers les bois pendant que d'autres retombaient sur le centre maintenant pressé. A dix heures les Allemands victorieux balayaient tout devant eux, du côté d'Ally et de Saint-Meuges, bien en arrière des positions françaises, pour effectuer avec le Prince Royal de Prusse, cette jonction qui devait être le grand résultat de la journée, et ne rencontrant de ce côté aucun obstacle, ils ne tardèrent pas à atteindre leur but.

Cependant, une lutte d'une nature bien différente et plus digne de la vieille renommée des Français, s'engageait sur leur front ; la fortune du jour y resta longtemps indécise : les pentes des collines furent ardemment disputées; chaque talus fut le théâtre d'une rude rencontre, et quoique la ligne française reculât peu à peu devant les efforts écrasants de l'artillerie allemande, la victoire fut courageusement et sérieusement débattue.

Bazeilles et Balan furent la scène des plus terribles efforts de la journée : les Français, convaincus de l'importance décisive de ces positions, s'y rattachèrent avec l'énergie du désespoir, et quoique les Bavarois s'y précipitassent avec une bravoure résolue, soutenus par des batteries qui y répandaient un feu croisé véritablement destructeur, la résistance fut longue et héroïque. Napoléon III s'efforçant de racheter ses fautes de général par son courage personnel, combattit, dit-on, au milieu des rangs. Une fois, ses soldats réussirent à repousser les efforts de l'ennemi, et à une heure avancée de l'après-midi, la lutte sanglante était encore incertaine.

Pendant cette mêlée, une autre bataille s'était engagée à l'extrême de l'aile droite française. Mac-Mahon avait fait briser un pont du chemin de fer qui traversait la Meuse, pensant sans doute se protéger ainsi d'une manière suffisante, et comme nous l'avons dit, il ne semble pas avoir cru que de ce côté sa ligne fût exposée à un danger sérieux. Sous le couvert cependant du brouillard du matin, le Prince Royal de Prusse avait lancé une division, sur des pontons, à travers la Meuse, au circuit en arrière de Sedan, avait couronné de batteries la crête des collines qui dominent Floing et les alentours, et avait ainsi tourné la position française par un mouvement qui semble avoir été une véritable surprise. Les Allemands débordant de l'autre côté de la rivière et sous la protection de leur artillerie, attaquèrent en force les Français stupéfaits, qui, pris par derrière, n'avaient rien à faire qu'à défendre les positions qu'ils occupaient encore.

Le combat fut acharné pendant plusieurs

heures. Les plateaux près de Floing et de la Garenne, garnis de retranchements, furent longtemps le théâtre de rencontres sanglantes, et quelques brillantes charges de cavalerie s'efforcèrent de déloger les assaillants de ces positions favorables. Le résultat définitif cependant, si l'on songe à la force toute-puissante de la troisième armée allemande, ne pouvait pas être douteux, et lorsque la ligne du feu franchissant Givonne, annonça au Prince Royal de Prusse la défaite de la gauche française et le mouvement en avant de son collègue de Saxe, il avait en mains plus d'hommes qu'il ne lui en fallait pour le mouvement qui allait envelopper complétement l'ennemi.

Vers une heure, la ligne allemande s'était refermée sur les derrières de l'armée française, et lui avait coupé toute chance de retraite. Cela fait, c'est en vain que des forces nouvelles tentèrent de résister à leur destin, repoussées qu'elles étaient graduellement vers Sedan. En vain les batteries les unes après les autres, furent mises en mouvement, et la cavalerie s'élança sur les colonnes en marche ; la ligne reculait toujours, et enfin, brisée en une masse confuse, elle se jeta en désordre dans la ville, écrasée sous le feu d'une artillerie formidable.

D'un autre côté, après une courageuse résistance, les Français étaient chassés des hauteurs sur leur front, et Bazeilles et Balan une fois enlevés triomphalement, en dépit d'une lutte acharnée à laquelle les habitants mêmes prirent part, l'armée française s'engouffra tout entière dans Sedan, véritable chaos de fugitifs rompus et au désespoir, incapables à la fois du combat ou de la retraite. Convergeant tout à l'entour de sa victime, l'armée allemande avec toutes ses forces, l'enfermait maintenant dans un cercle infranchissable.

On se rappellera toujours les scènes qui suivirent comme mémorables dans les annales de la guerre : pendant quelque temps, l'artillerie allemande tonna sur les masses qui remplissaient Sedan, jusqu'à ce qu'un pavillon blanc agité du haut des murs sans défense, annonçât la résolution d'une conférence. La tempête de feu cessa peu à peu, et la nuit descendit sur cet effroyable spectacle d'une armée détruite et captive sans espoir sous l'étreinte toute-puissante de son vainqueur.

Mac-Mahon était tombé de bonne heure le matin, mis hors de combat par une blessure grave, et le malheureux général eut du moins ce bonheur d'échapper au spectacle plein d'angoisse de cette catastrophe sans égale dans l'histoire. Un conseil de guerre fut convoqué à Sedan, et on y décida dans la consternation, mais presque à l'unanimité, qu'il était impossible de résister au décret fatal, et qu'il était nécessaire de se remettre à la merci des vainqueurs.

Ceux qui s'efforçant à bon marché de conquérir un renom qu'ils ne méritent pas, ou qui s'empressant de fouler aux pieds l'homme tombé, prétendent aujourd'hui qu'ils furent trahis, que l'Empereur est responsable de tout ce qui s'est passé et qu'il était encore possible de se frayer un chemin à travers l'ennemi, se montrent indignes du nom de soldats et sourds à la voix de la vérité et de l'honneur. La seule chance de salut qui restât à l'armée française avait été perdue le 31 août, quand les Allemands étaient encore de l'autre côté de la Meuse. Maintenant, après une écrasante défaite, cette armée était à la merci d'un ennemi irrésistible, et aucun effort ne pouvait conjurer son destin.

Napoléon III qui, durant la bataille, avait combattu bravement, et qui, ses détracteurs doivent se le rappeler, aurait pu aisément franchir à temps la frontière, se rendit à l'inévitable, et quoiqu'il retardât l'issue de quelques heures, et s'efforçât d'obtenir les meilleures conditions pour ses troupes, il reconnut lui-même la nécessité de se rendre. L'armée française à ce moment était presque à l'état de dissolution ; l'enfer a-t-on dit était déchaîné dans Sedan. Les liens de la discipline étaient complétement brisés, et les officiers au désespoir avaient perdu tout pouvoir sur une soldatesque mutinée et en furie.

Le matin laissa voir les masses nombreuses des Allemands rassemblées dans leur force menaçante, et les ruines fumantes de Bazeilles et de Balan, détruits par les bombes et le feu le jour précédent, montrèrent assez ce que pouvait être la fin de Sedan, si elle essayait de résister à l'artillerie prête à vomir la mitraille.

L'heure était venue, et à midi, le 2 septembre,

la dernière armée de la France qui tînt encore la campagne, avait subi les conditions du roi de Prusse, et le chef de l'État lui-même était prisonnier de guerre avec des milliers de malheureux.

Le respect dû à une vaillante nation dans ses jours d'épreuve, nous commande de passer rapidement sur les scènes qui suivirent ; quand la nouvelle de la capitulation se répandit, d'énergiques malédictions éclatèrent du sein de cette foule armée qui avait tout perdu, même l'honneur. Des cris violents de « trahison » et de « vengeance » se firent entendre. Quelques-uns brisaient et foulaient aux pieds leurs armes, pendant que d'autres menaçaient de les tourner contre leurs officiers. Cependant la fureur du désespoir fut impuissante. Humiliée et désarmée, l'armée française divisée en groupes sans défense, fut distribuée dans des camps où quelques canons et quelques régiments suffisaient à la surveillance, et les passions des soldats provoquèrent seulement les commentaires des Allemands impassibles, sur leur manque de discipline.

Il y avait là cependant de nobles cœurs qui, dans le malheur, se montrèrent dignes du nom français, et des témoins ont rappelé comment le regard résolu et la tenue militaire de plusieurs des captifs contrastaient honorablement avec l'aspect des vainqueurs.

Une armée de quatre-vingt-quinze mille hommes, des armes entassées, des aigles et des pavillons, plusieurs milliers de chevaux et de canons qui couvraient, parqués, un espace considérable, étaient les trophées de cette mémorable journée.

Telle fut la terrible bataille de *Sedan*, la tache la plus sombre dans les annales agitées des gloires et des désastres de la France guerrière. Ni Crécy, ni Azincourt, ni Pavie, ni Saint-Quentin, ni Blenheim, ni Waterloo, ne furent si calamiteuses, et l'histoire moderne cherche en vain un point de comparaison en présence de cette cruelle catastrophe. Les pertes des Allemands furent comparativement faibles, peut-être de six à huit mille hommes tués et blessés, témoignage de la qualité inférieure des forces de Mac-Mahon. L'armée française fut tout simplement réduite à néant, prise comme dans une souricière et étouffée par ses vainqueurs.

C'était là l'issue naturelle de cette stratégie fatale, qui avait conduit les Français jusqu'à la frontière belge, avec une mauvaise armée, manquant de tout ce qui fait la force militaire, pendant que leurs adversaires, deux fois plus nombreux et mieux organisés, étaient en position de les surprendre et de les écraser par des masses supérieures. Assurément, la lenteur des mouvements de Mac-Mahon, l'indiscipline de ses troupes et les fautes de ses lieutenants, contribuèrent largement au résultat; mais la faute primitive fut dans le plan même d'une marche de Reims sur Metz par Montmédy, alors que les Allemands étaient maîtres des lignes les plus courtes, — marche qui ne pouvait aboutir qu'à un désastre.

Si quelque chose peut ajouter aux preuves décisives de l'effroyable folie de cette combinaison, c'est cette considération que le maréchal Bazaine ne demandait pas un secours immédiat, que l'armée de Mac-Mahon était l'unique espoir de la France, et était immédiatement nécessaire à la défense de Paris, et que si elle s'était rabattue sur la capitale, la situation eût été bien différente de ce qu'elle est devenue.

Nous n'avons pas le désir de condamner les vaincus, mais combien doivent être amères les réflexions de ceux qui s'aperçoivent maintenant que cette armée véritable, soutenue par les fortifications de Paris et se façonnant peu à peu à la guerre, aurait probablement été en état de défier les Allemands, qui ont entouré la cité sans rivale, dont la défense suppose et requiert une force puissante et bien disciplinée, manœuvrant à l'extérieur.

Quant à la manière dont les généraux allemands se servirent des méprises de leurs adversaires, et les enveloppèrent en quelques jours dans une ruine complète, elle a droit à la plus haute admiration. L'étudiant militaire ne manquera pas de noter la prévoyance avec laquelle l'armée du Prince Royal de Saxe fut mise en mouvement pour aider le Prince de Prusse, la rapidité de sa marche sur la Meuse et l'énergie avec laquelle les deux armées allemandes furent en quelques heures seulement tournées vers le nord pour arrêter et détruire Mac-Mahon. Ce sont là de grandes leçons d'art militaire, et les opérations finales ne sont pas moins instructives, par lesquelles l'armée française enfermée à Sedan, se vit couper toute retraite, écrasée et forcée de se rendre. L'habileté des chefs allemands fut aussi secondée d'une manière splendide par leurs troupes qui, dans leurs opérations, donnèrent des preuves de force, d'énergie et de rapidité dans les évolutions, dont les annales militaires ne présentent guère d'exemples.

III

METZ

www.ingramcontent.com/pod-product-compliance
Ingram Content Group UK Ltd.
Pitfield, Milton Keynes, MK11 3LW, UK
UKHW021057200726
13857UKWH00003B/976